GUIDE SOUS-MARIN
de la
MÉDITERRANÉE

ISBN 2-7066-0917-6
Numéro d'édition: 15355
Dépôt légal: avril 1987
Imprimé à Singapour par Tien Wah Press

GUIDE SOUS-MARIN de la MÉDITERRANÉE

Aline FIALA-MÉDIONI
Christian PÉTRON
Claude RIVES

La Maison Rustique
Flammarion

SOMMAIRE

INTRODUCTION

Du fait de la faible amplitude des marées, les fonds et les organismes marins méditerranéens ne sont, dans leur très grande majorité, observables qu'en plongée. La variété des fonds, les conditions hydrologiques clémentes avec des eaux chaudes généralement claires et sans forts courants, l'absence d'espèces dangereuses, font incontestablement de la Méditerranée, plus grande mer intérieure connue, une zone privilégiée pour l'exploration sous-marine.
deux unités distinctes, une partie occidentale qui s'étend de Gibraltar jusqu'à l'Adriatique et la Sicile, et une partie orientale avec les côtes de Grèce et de l'Asie mineure. La partie orientale a été relativement peu explorée, et ce guide convie le lecteur à une longue promenade sous-marine dans la zone côtière de la Méditerranée occidentale. Il est destiné également à permettre aux adeptes de plus en plus nombreux du scaphandre autonome, de mieux connaître les organismes qu'ils découvrent tout au long de leurs incursions aquatiques. Il faut savoir, cependant, que les espèces citées dans cet ouvrage, bien visibles à l'œil nu et les plus fréquemment rencontrées par un plongeur, ne constituent qu'une partie du monde sous-marin ; une multitude d'organismes microscopiques, disséminés dans l'eau ou au niveau du fond parmi les grandes formes, bien qu'invisibles, participent également à la composition et à l'équilibre des peuplements marins. Les photos présentées dans ce guide ont toutes été réalisées en plongée, et montrent les organismes les plus communs dans leur habitat naturel. Nous souhaitons, par ces images, inciter les plongeurs à pratiquer la photographie sous-marine qui permet de ramener des souvenirs de plongées, tout en respectant ce monde marin déjà trop menacé.

Des bancs denses de poissons (ici des anchois) peuvent localement et très momentanément peupler la pleine eau.

LES MILIEUX ET LEURS PEUPLEMENTS

Le monde marin est divisé classiquement en deux domaines : celui de la pleine eau ou *milieu pélagique*, peuplé par le pélagos, et le *domaine benthique* qui comprend l'ensemble de la flore et de la faune vivant en contact avec le fond.

Le plongeur n'aura qu'une idée très partielle du monde pélagique, car les formes de grande taille, représentées pour l'essentiel par les animaux nageurs (necton) tels les poissons, céphalopodes et mammifères marins, effectuent souvent d'importantes migrations et sont localisées au large des côtes. La plus grande masse vivante est en effet constituée par des organismes en suspension dans l'eau (plancton), le plus souvent microscopiques, qui ont cependant une importance fondamentale dans l'économie des milieux marins. Le plancton végétal ou phytoplancton joue le rôle des végétaux sur terre, en représentant la production primaire à la base de toutes les chaînes alimentaires des océans. Phytoplancton et plancton animal (zooplancton) sont passivement transportés par les courants et présentent des adaptations très particulières à ce mode de vie. Invisibles à l'œil nu ou très clairsemés, les organismes de pleine eau ne représentent, pour un plongeur, que des rencontres très aléatoires. En explorant la zone littorale, il va pouvoir observer, par contre, au niveau du fond, une très grande variété de milieux ou biotopes : plaines de sable ou de vase parfois plus ou moins mélangés, prairies sous-marines, falaises ou blocs prolongeant la côte rocheuse sous l'eau, fonds concrétionnés dus à une activité biologique. Leurs peuplements sont constitués d'une flore et d'une faune très diverses en formes et en couleurs, avec des représentants de presque tous les grands groupes connus, l'ensemble constituant le benthos.

Prairie de posidonies à Port-Cros. Les herbiers constituent des zones d'oxygénation des eaux et de production végétale et animale importante. Une faune très variée peut y trouver un refuge, une abondante nourriture ou une zone de frayère. – 20 m.

Le domaine pélagique

Le milieu pélagique constitue un univers à trois dimensions, et les organismes qui y vivent doivent sans cesse lutter contre la chute vers les profondeurs. Les grandes formes planctoniques qui peuvent être rencontrées flottant entre deux eaux, en particulier l'été, sont essentiellement les grandes hydroméduses *(Pelagia)*, des cténaires (beroé, ceinture de Vénus) et certains thaliacés coloniaux (salpes, pyrosomes). Ces formes présentent souvent les mêmes caractères adaptatifs : un corps globuleux transparent contenant une grande quantité d'eau qui diminue leur poids spécifique et favorise leur flottabilité. Les méduses, dans l'ensemble, contiennent moins de 1 % de matière organique, 95 % d'eau, et les mêmes concentrations en sels que celles de l'eau de mer. La consistance de ces tissus fortement imprégnés d'eau est celle d'une gelée et leur poids spécifique se rapproche de celui de l'eau, ou lui est même inférieur.

Les fonds meubles

Les fonds accessibles en scaphandre autonome se limitent à une partie du plateau continental constituant la continuation sous-marine de la topographie des côtes. La grande diversité des paysages côtiers méditerranéens se traduit sous l'eau par une égale variété des sites de plongée et de leurs peuplements.

S'étendant au-delà des plaines et des côtes sableuses, ou situés dans les baies entre les caps rocheux, les fonds meubles présentent généralement, vers le large, un gradient classique (gravelles, sables grossiers et moyens, sables fins et vase) résultant d'une agitation décroissante en fonction de la profondeur.

Bien qu'elles constituent la grande majorité des fonds marins, les plaines de sable ou de vase attirent peu le plongeur en raison de leur apparente uniformité due au fait que les organismes visibles à l'œil nu sont, soit très dispersés à la surface soit enfouis dans le sédiment. Comme pour le domaine pélagique, une très grande partie des espèces vivant essentiellement dans les premiers centimètres forment un micromonde invisible à l'œil nu. Mais la macrofaune observable avec un peu d'attention est également très diversifiée : mollusques lamellibranches (praires, coques, palourdes), des oursins irréguliers (spatangues, *Echinocardium*), des étoiles de mer *(Astropecten)*, des annélides polychètes vagiles, des cnidaires (vérétilles, ptéroïdes) et des poissons plats (soles, plies, raies). Certaines espèces peuvent constituer des peuplements très denses caractérisant localement les fonds meubles (crinoïdes, ophiures, microcosmes), mais des

CARTE GENERALE DE LA MEDIT

concentrations de ce type se situent souvent en zone profonde (50-60 m et au-delà jusqu'à 200-300 m).

Les herbiers de posidonies

Quelques espèces de phanérogames (plantes à fleurs) marines, du groupe des zosteracées forment tout autour des deux bassins méditerranéens des herbiers ou prairies sous-marines installés sur des sédiments sablo-vaseux. Leur profondeur d'installation dépend essentiellement de l'agitation et de la transparence des eaux ; très côtiers, atteignant parfois presque en surface, ils descendent sur les côtes françaises à une profondeur variant entre 20 et 40 m. Situés dans l'étage infralittoral, leur disparition en profondeur indique le passage à l'étage circalittoral.

Ces herbiers constituent un milieu très caractéristique ne trouvant d'équivalent nulle part ailleurs, sauf en Australie. En Méditerranée, les plus développés sont ceux de la posidonie, *Posidonia oceanica,* espèce endémique, dédiée à Poséidon, dieu de la mer. Les feuilles vertes, rubannées, longues de 20 à 40 cm, émergent en touffes des rhizomes. Au niveau de ces rhizomes, sensiblement verticaux et à ramification subhorizontale, s'amoncelle assez rapidement un sédiment grossier provenant de débris organiques ou amené par les courants et

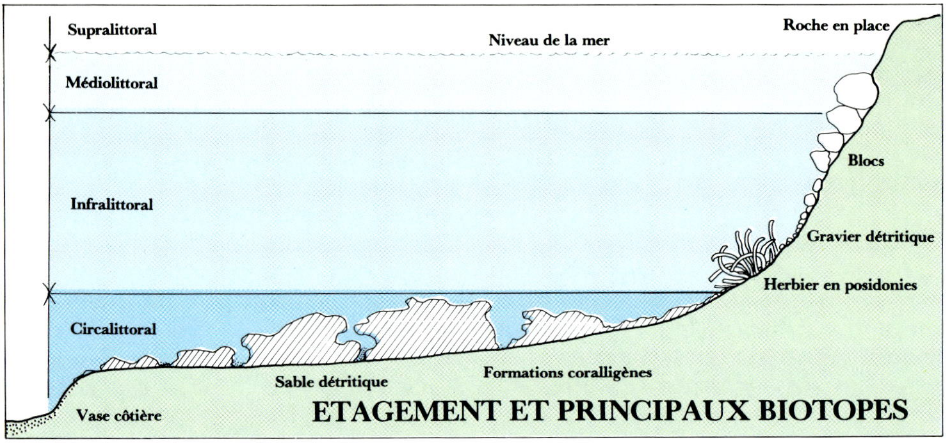

piégé par les feuilles. Les posidonies réagissent à l'ennoyage par la croissance verticale des rhizomes : il en résulte de véritables terrasses sous-marines en cours de surélévation lente et constante, auxquelles les pêcheurs ont donné le nom de « mattes ». A la différence des algues, les posidonies sont des plantes à fleurs fleurissant à la fin de l'été, ou plus généralement en automne. Les fleurs vertes cachées par les longues feuilles passent généralement inaperçues. Il est vrai que les posidonies en Méditerranée occidentale semblent avoir, en raison des eaux plus froides, des floraisons beaucoup moins abondantes et plus irrégulières que celles de la partie orientale.

L'herbier de posidonies représente une zone de très forte concentration de matière vivante animale et végétale, car il est peuplé d'une multitude d'espèces dont la composition peut varier de façon saisonnière. Les feuilles et les rhizomes constituent un support pour de nombreuses espèces d'éponges, d'hydraires, d'anémones, de bryozoaires ou d'ascidies. Quantité d'espèces vagiles y trouvent un abri, une abondante nourriture ou une zone privilégiée de frayère : petits crustacés (crabes, crevettes), échinodermes (oursins, ophiures, étoiles de mer, holothuries), mollusques (gastéropodes, *Pinna,* nudibranches, seiche, poulpe) et poissons (saupes, girelles, labridés...).

Les études réalisées sur les principaux herbiers des côtes françaises montrent malheureusement qu'ils sont actuellement en voie de régression, reculant devant les aménagements littoraux qui entraînent pollution et endigages.

Les fonds rocheux

Les fonds rocheux ne constituent qu'un faible pourcentage des fonds marins. Cependant, d'une grande complexité topographique en Méditerranée, ils constituent des zones idéales d'exploration sous-marine par la richesse et la grande diversité de leurs peuplements.

Les roches calcaires (calanques de la région de Marseille) s'enfoncent généralement d'une manière abrupte pour former des falaises le long desquelles on peut suivre l'évolution des peuple-

Plongeur équipé pour la prise de vue sous-marine qui nécessite un appareil avec boîtier étanche et un dispositif d'éclairage restituant leurs vraies couleurs aux paysages et aux organismes.

ments en profondeur. Les roches schisteuses ou granitiques (côte du Roussillon, côte espagnole, côte algérienne) sont souvent désagrégées et l'on trouve la série : roche en place, blocs, galets, graviers.

Près de la surface, dans les zones supra et médiolittorales, les peuplements sont assez dispersés ; les algues dominent souvent sous formes encroûtantes calcifiées (lithothamniées). Les conditions rigoureuses et très variables ne laissent subsister que des animaux particulièrement résistants (balanes, chthamales) ou suffisamment mobiles pour se réfugier vers les zones inférieures plus abritées (littorines, patelles, crabes).

Au fur et à mesure que l'on descend dans la zone infralittorale, zone immergée en permanence, on observe d'une part un recouvrement de plus en plus important des parois et d'autre part une diversification de la flore et de la faune. La physionomie du peuplement des parois est localement la résultante de l'action complexe d'un certain nombre de facteurs physiques tels que l'agitation, la quantité de lumière ou de sédimentation. Vers la surface, les zones très agitées présentent des peuplements pauvres dominés par des algues vertes et des oursins *(Arbacia lixula, Paracentrotus lividus)*. Dans les zones calmes peuvent se développer d'importants peuplements d'algues brunes (cystoseires). La zone superficielle de l'infralittoral est également la zone de prédilection d'anémones de mer, telles que *Ac-*

tinia equina, et de l'ortie de mer *(Anemonia sulcata),* ainsi que localement d'algues vertes *(Acetabularia mediterranea)* ou brunes *(Padina pavonica).* D'une manière générale, les parois exposées au sud sont plus pauvres que les parois nord, et les surplombs présentent une densité maximale de recouvrement avec des peuplements denses à grande gorgone *(Paramuricea clavata).* Ces différences s'atténuent en profondeur où les parois présentent une palette très variée de formes et de couleurs, composée d'une multitude d'éponges encroûtantes *(Crambe crambe)* ou dressées *(Axinella, Petrosia...),* de bryozoaires *(Hippodiplosia, Sertella, Myriapora),* d'octocoralliaires *(Alcyonium, Paramuricea, Eunicella),* de mollusques bivalves *(Arca, Ostrea),* de vers polychètes (spirographes, serpules). Parmi cette faune fixée, circule toute une faune vagile de crustacés (crevettes, crabes), d'annélides errantes, de mollusques (gastéropodes, nudibranches) et de poissons variés (rascasses, blennies, gobies) dont certains trouvent refuge le jour dans les anfractuosités ou fissures et ne sortent généralement que la nuit pour chasser (congres, murènes).

Les fonds rocheux circalittoraux ont été assez peu explorés en raison de leur isolement et de leur profondeur. Ils offrent des peuplements tout à fait particuliers, émergeant des zones sablo-vaseuses ou vaseuses environnantes. Vers la partie supérieure de la zone, on peut observer des peuplements à dominance d'algues brunes ; ce sont essentiellement les fonds à cystoseires présentant une forme végétative dense en été. Sur le support colonisé par des algues encroûtantes se mêlent également des gorgones, des bryozoaires ou des hydraires. Les cystoseires servent d'abri à toute une petite faune vagile de vers, de mollusques ou de petits crustacés.

Sur certaines roches du large, plus en profondeur (entre 40 et 60 m) on peut observer parfois une exubérance de faune avec localement une prédominance de grandes éponges associées à des bryozoaires et des alcyons. Certaines roches profondes (entre 90 et 130 m), peu accessibles au plongeur classique, montrent dans des zones très limitées des images féeriques de peuplements à base de corail rouge *(Corallium rubrum)* et de grandes gorgones *(Paramuricea clavata).* Ces peuplements contrastent de manière étonnante avec les fonds envasés environnants, d'apparence désertique, où seuls émergent parfois quelques oursins *(Cidaris cidaris, Echinus melo).* Dans les fonds rocheux, les *grottes sous-marines* forment des biotopes tout à fait particuliers. L'entrée présente souvent un peuplement dense de zoanthaires *(Parazoanthus axinellae* ou *Epizoanthus arenaceus).* Dans la partie moyenne et vers le fond, ou dans les grottes plus profondes, les éponges et les bryozoaires encroûtants, les madréporaires *(Caryophyllia, Leptopsammia),* dominent sur les parois très colorées. En raison de la diminution de l'intensité lumineuse et de l'agitation, l'intérieur des grottes permet également d'observer des espèces distribuées généralement plus profondément. Par ailleurs, de nombreux poissons (mérou, congre) ou crustacés (cigales de mer) y trouvent abri.

Dans les zones très agitées, les fonds rocheux situés près de la surface sont peuplés et colonisés par quelques algues vertes ou brunes et des oursins.

Les fonds concrétionnés

Dus à une activité biologique, ces fonds sont constitués par des concrétions suffisamment importantes pour donner naissance à de véritables formations, peuplées secondairement par une flore et une faune très riches. Leur origine peut être soit animale, soit végétale.

Au niveau de la surface, dans la zone médiolittorale, se développe un faciès caractéristique de la Méditerranée occidentale : le trottoir à *Lithophyllum tortuosum.* Il se présente sous la forme d'une corniche d'algues calcaires encroûtantes, ceinturant les côtes et les îlots rocheux des stations battues. Sous l'encorbellement, pouvant atteindre un mètre en largeur, se situe une zone à mollusques bivalves perforants (lithodomes), et le plus souvent, une zone à concrétions calcaires riches en algues rouges ou vertes *(Enteromorpha)*. Dans cette zone, on peut observer fréquemment une ceinture d'algues rouges calcaires dressées, du genre *Corallina,* plus ou moins associée à la moulière à *Mytilus galloprovincialis.* A la surface et dans les macrocavités du trottoir, s'installe une faune fixée (éponges, hydraires, actinaires, bryozoaires, moules) et vagile foisonnante d'oursins, ophiures, gastéropodes *(Murex, Trochochlea, Patella),* chitons, annélides et crabes *(Pachygrapsus).*

Dans certaines zones de la Méditerranée, des gastéropodes (vermets) ou polychètes (serpules) infralittoraux peuvent arriver à constituer, par l'accumulation de leurs tubes calcifiés, des corniches très anfractueuses abritant une faune vagile très riche.

Mais c'est dans la partie supérieure du circalittoral que l'on peut observer les formations organogènes les plus spectaculaires, avec le développement de fonds concrétionnés de type coralligène. Se développant au large des principaux caps, ils peuvent s'étendre dans la zone du golfe du Lion sur plusieurs kilomètres carrés, et atteindre une épaisseur de 2 mètres sur les côtes françaises, et jusqu'à 4 mètres sur les côtes espagnoles (cap Creus). Facilement observables dans ces zones entre 25 et 45 m de profondeur, ces formations se situent beaucoup plus profondément dans les zones où les eaux sont plus claires : vers 50 m dans la région de Marseille, 90 m en Corse, et 120 m en mer Egée. Les principales algues formatrices sont des lithothamniées, algues rouges calcaires encroûtantes *(Pseudolithophyllum expansum, Neogoniolithon mammillosum)* qui ont leur optimum de développement à une moindre intensité lumineuse. Par contre, plus en profondeur, ces formations disparaissent dès que la quantité d'énergie lumineuse n'est plus suffisante pour assurer leur survie. Dans sa zone optimale de développement, le coralligène forme de véritables plateaux entaillés de couloirs, dont les parois sont creusées de grottes, de fissures, le tout présentant un aspect assez anfractueux.

La complexité topographique de ces formations favorise l'installation de peuplements très riches et très divers. Quelques 500 espèces différentes ont été recensées, appartenant à tous les groupes zoologiques marins, mais un plongeur ne pourra en fait visualiser qu'une petite partie de cette faune représentée par les plus grandes formes. A côté d'algues rouges *(Peysonnelia squamariae),* le foisonnement d'éponges *(Axinella),* de bryozoaires *(Hippodiplosia, Myriapora),* d'octoralliaires (gorgones, alcyons, *Corallium rubrum*), de crustacés (langoustes, crabes), de mollusques (nudibranches, gastéropodes, bivalves) et d'échinodermes (ophiures, holothuries, étoiles de mer), de tuniciers (ascidies) et de poissons (*Sparidae - Anthias anthias*) n'a d'équivalent nulle part ailleurs en densité. Le coralligène offre en effet une gamme étendue de niches écologiques, d'une part favorables à la fixation des larves entraînant une grande richesse d'organismes fixés et d'autre part, qui servent d'abri ou de réserve de nourriture, d'où l'abondance et la diversité des animaux sédentaires ou vagiles.

En conclusion de ce chapitre, il est toutefois utile de noter que la séparation des peuplements en unités bien distinctes, commode pour la description, a, en Méditerranée, un aspect un peu théorique. Contrairement aux zones atlantiques où l'on observe en général une répartition sous forme de ceintures bien différenciées, les peuplements méditerranéens peuvent apparaître comme une mosaïque où les formes de transition abondent. Cette complexité rend les plongées particulièrement attractives, dans la mesure où des peuplements très différents peuvent être explorés sur des distances assez faibles.

LES HABITANTS

La Méditerranée située en zone tempérée est caractérisée par une grande diversité spécifique souvent liée à une faible abondance de chaque espèce. Du fait de son origine et de son histoire, elle comprend un mélange de faunes : la majorité des espèces est d'affinité atlantique froide, car la Méditerranée a été formée il y a environ 5 millions d'années par une avancée de l'Atlantique dans une cuvette de basses terres, et a conservé une communication avec cet océan au niveau du détroit de Gibraltar. A ce stock de base, s'ajoutent quelques éléments de l'Atlantique tropical (le labre *Thalassoma pavo* et beaucoup de crevettes) ainsi que des espèces propres à la Méditerranée, dites endémiques, dues à une évolution qui est intervenue lors des interruptions momentanées des communications avec l'Atlantique (cas de blennies ou d'échinodermes). Tous les grands groupes marins y sont représentés, et la variété des milieux et des conditions écologiques a entraîné une multitude d'adaptations liées soit à l'aspect morphologique (forme-couleur) soit au comportement (nutrition, reproduction). Cet ouvrage ne présente en fait que les espèces les plus communes et aisément visibles par un plongeur.

Acetabularia acetabulum. *De 4 cm de haut, cette algue verte présente une forme caractéristique de champignon à chapeau plat.*

Les phanérogames

Ce sont des végétaux à fleurs et à fruits, qui comprennent la grande majorité des plantes terrestres. Les espèces marines sont relativement rares et appartiennent essentiellement à la famille des zostéracés. La plus connue est la posidonie *(Posidonia oceanica)*, qui constitue en Méditerranée des herbiers très caractéristiques.

Les algues

Avec les herbiers, les algues forment le peuplement végétal de la Méditerranée. Elles y vivent, soit fixées sur le fond (phytobenthos), soit en suspension dans l'eau (phytoplancton), soit encore flottant en surface (sargasses). Les formes visibles sont en majorité de taille modeste et ne constituent que très rarement des ceintures aussi évidentes que dans les mers à marées. Leur importance vient du fait qu'elles forment le premier maillon de la chaîne alimentaire marine ; ce sont des êtres autotrophes réalisant la synthèse de leurs substances organiques à partir d'éléments minéraux, du gaz carbonique dissous dans l'eau et par utilisation de l'énergie lumineuse (photosynthèse). Comme chez les plantes terrestres, l'utilisation de cette énergie est rendue possible par la présence de pigments dont les plus importants sont les chlorophylles. La couleur verte classique, due à ces dernières, peut être masquée par des pigments rouges ou bruns qui aident dans certains cas à la reconnaissance des principaux groupes. Cette propriété d'autotrophie, dépendante de la pénétration de l'énergie lumineuse, limite leur colonisation en profondeur à une zone dite phytale dont l'extension varie en fonction de la clarté des eaux. Leur cycle de vie comprend typiquement une alternance de générations : un gamétophyte sexué producteur de gamètes, dont la fusion donne un œuf, et un sporophyte provenant de la germination de l'œuf, et donnant des spores asexuées qui peuvent redonner un second sporophyte ou un nouveau gamétophyte.

Cyanophycées ou algues bleues. Leur structure primitive, sans noyau cellulaire, rapproche les algues bleues des bactéries. En Méditerranée, elles se présentent sous forme de granulations noires, de filaments ou de croûtes gélatineuses noires bleutées ou violacées, et n'attirent guère l'attention.

Rhodophycées ou algues rouges. Les algues rouges sont très abondantes en Méditerranée ; les pigments rouges leur permettent de capter les radiations vertes qui seules pénètrent en profondeur dans la mer, et qui ne sont pas directement utilisables par les chlorophylles ; cette propriété permet à beaucoup d'entre elles de vivre jusqu'à la limite inférieure de toute végétation marine (120 à 130 m en moyenne). En surface, la coloration rouge est altérée en raison de la dégradation du pigment rouge par une trop forte insolation. Filamenteuses, en lames dressées fragiles, simples ou ramifiées *(Asparagopsis, Sphaeroccocus)*, elles présentent une grande variété de formes. Certaines espèces incorporent dans leur thalle des carbonates de calcium et, à un moindre degré, de magnésium (calcite) ; ces algues calcaires, largement répandues, peuvent être dressées et articulées (corallines). Encroûtantes *(Pseudolithophyllum)*, elles peuvent donner naissance à de véritables formations concrétionnées (trottoir coralligène).

Chlorophycées ou algues vertes. Chez les algues vertes, très abondantes dans les niveaux supérieurs de la zone littorale, la couleur classique verte n'est généralement pas masquée. La plupart sont pluricellulaires composées soit de filaments simples ou ramifiés, soit de lames *(Dictyota)* ou de tubes (entéromorphes), soit encore de filaments associés pour constituer des thalles de formes diverses *(Codium, Udothea)*. Certaines sont partiellement calcifiées *(Halimeda, Acetabularia)* par incorporation de carbonate de calcium associé à du carbonate de strontium (aragonite).

Phaeophycées ou algues brunes. Elles rassemblent des formes très diverses dont les plus grandes espèces connues (laminaires). L'abondance de pigments bruns leur donne généralement une couleur brune ou olivâtre caractéristique. L'aspect morphologique est varié : filaments ramifiés

Dans les zones moyennement agitées, le recouvrement algal des rochers près de la surface peut être plus important que dans les zones battues.

(ectocarpales), lames découpées *(Taonia)* ou volutes *(Padina)*. Beaucoup d'espèces sont saisonnières, survivant pendant la période défavorable (l'été pour les espèces d'affinités froides, l'hiver pour celles d'affinités tropicales) sous forme de microthalles généralement asexués.

Les éponges

Les éponges représentent les formes les plus primitives des organismes pluricellulaires, sans symétrie ni organe défini. Exclusivement aquatiques, elles font pratiquement partie de tous les paysages sous-marins, depuis la surface jusqu'aux plus grandes profondeurs. Présentant des aspects très variés : massives, globulaires, cylindriques, en coupe, encroûtantes ou arbusculaires, elles sont particulièrement repérées grâce à leurs couleurs parfois très vives (jaune, rouge, orange, violet). Elles vivent fixées sur un support rocheux, mais également sur des carapaces de crustacés ou de coquillages, avec des possibilités de mouvement réduites à la contraction du corps ou la fermeture des orifices. Le corps tout entier, soutenu par un squelette formé de spicules, de fibres de spongine ou des deux, est parcouru par un courant d'eau circulant le long d'un labyrinthe de canaux, et qui permet les fonctions essentielles de respiration, nutrition et excrétion. Très actives, elles peuvent filtrer plusieurs centaines de litres par jour et par mètre carré de substrat. La couche tapissant la cavité interne est constituée de cellules très spéciales à collerette (choanocytes), dont le battement des flagelles entraîne le mouvement d'eau. L'eau entre par une multitude de minuscules orifices (pores) très souvent invisibles, pénètre dans la cavité interne par un système plus ou moins complexe de canaux et de cavités (chambres vibratiles) et ressort par un ou plusieurs gros orifices (oscules). Au passage, l'oxygène nécessaire à la respiration est retenu, et les fines particules alimentaires captées et phagocytées.

Les éponges ont une reproduction sexuée ; la fécondation se fait à l'intérieur de l'éponge; l'œuf donne naissance à une larve ciliée nageuse qui ressort avec le courant exhalant, pour se fixer au voisinage. Elles peuvent également se reproduire par bourgeonnement avec apparition, dans les conditions défavorables, de formes de résistance ou gemmules riches en réserves. Les éponges ont, par ailleurs, un très grand pouvoir de régénération et peuvent, à partir de cellules isolées, reconstituer un organisme entier.

Elles servent très souvent d'abri à une petite faune variée ou même de repas à quelques organismes (nudibranches). La classification et l'identification des spongiaires sont dans une très large mesure basées sur la nature du squelette. On distingue trois classes : les calcisponges, les demosponges et les hexactinellides. **Les calcisponges** possèdent des spicules calcaires en forme de petites baguettes, d'aiguilles ou d'étoiles à 3 ou 4 branches. L'espèce la plus commune en Méditerranée *(Clathrina)* constitue des réseaux très fragiles, blancs ou jaunes, caractéristiques des surplombs ombragés, grottes ou anfractuosités.

Axinella polypoides, *éponge commune dans les fonds rocheux infralittoraux et coralligènes circalittoraux (– 30 m), est reconnaissable à sa taille (jusqu'à 60 cm), sa couleur et sa forme arborescente.*

Les démosponges regroupent la grande majorité des espèces méditerranéennes ; leur squelette est formé soit de spicules siliceux et de fibres cornées de spongine *(Hircinia, Petrosia, Suberites),* soit de fibres seules (éponges de toilette). Dans certains cas, le squelette est absent *(Oscarella).*
Les hexactinellides, exclusivement marines mais vivant en eau profonde, sont peu représentées en Méditerranée. Elles sont caractérisées par des spicules siliceux à 6 rayons qui tendent à fusionner pour donner un squelette consistant.

Les cnidaires

Dans l'échelle animale, ce sont les premiers êtres pluricellulaires à présenter une organisation simple mais comprenant notamment un tube digestif bien défini. Ils présentent une symétrie radiée et sont connus sous deux formes adaptatives : polype et méduse. En fait, les deux schémas relèvent d'une même structure fondamentale comprenant un ectoderme externe et un endoderme interne, séparés par une gelée, la mésoglée ; la couche cellulaire interne délimite une cavité générale gastro-vasculaire qui s'ouvre à l'extérieur par un orifice. La forme « méduse » adaptée à la vie pélagique, a le corps en forme d'ombrelle ; la bouche entourée de tentacules est tournée vers le bas. La forme « polype », typiquement adaptée à la vie fixée benthique, a un corps cylindrique ; la bouche, entourée de tentacules, est située à l'opposé du pôle de fixation, et dirigée vers le haut. La forme coloniale des polypes peut présenter un polymorphisme prononcé des individus en relation avec une adaptation fonctionnelle.

En majorité prédateurs carnivores, les cnidaires sont caractérisés par la présence, particulièrement au niveau des tentacules, de milliers de cellules spéciales urticantes redoutables, parfois même pour l'homme : les cnidocystes ou nématocystes. De formes très variées, ces cellules ressemblent à de minuscules capsules remplies de venin, fermées par un couvercle surmonté d'un cil sensible, et contenant un filament épineux enroulé ; l'effleurement du cnidocil entraîne l'explosion de la capsule, le filament dévaginé immobilise la proie à la manière d'un harpon, le venin la paralyse ou la tue. La proie est alors acheminée à la bouche par les tentacules.

Leur cycle de vie se caractérise par l'alternance de générations sexuées et asexuées. La reproduction asexuée joue un grand rôle, surtout chez les anthozoaires : chez les formes coloniales (madréporaires), elle s'effectue par bourgeonnement et permet ainsi l'accroissement de la colonie ; chez les espèces solitaires (telles les anémones), elle se déroule soit par scission longitudinale, soit par fragmentation du disque pédieux. Comme la majorité des animaux à reproduction asexuée active, les cnidaires ont un grand pouvoir de régénération. On distingue trois classes : les hydrozoaires, les scyphozoaires et les anthozoaires.

Les hydrozoaires sont représentés en Méditerranée par des formes benthiques, les hydraires, et des formes planctoniques, les siphonophores. Ils sont caractérisés par l'alternance de forme polype et méduse, avec prédomi-

Paramurica clavata. *Formant de grands éventails jusqu'à 1 m d'envergure de coloration pourpre parfois panachée de jaune, cette gorgone est une espèce somptueuse lorsqu'elle se présente avec tous ses polypes épanouis.*

nance du stade polype. Les hydraires coloniaux, sous forme de plumes *(Aglaophenia, Plumularia)* ou buissonnants *(Eudendrium)*, sont abondants au printemps. Les siphonophores constituent des colonies polymorphes, composées de plusieurs types d'individus polypoïdes attachés à un corps flottant médusoïde ; ils sont reconnaissables grâce à leur gros flotteur et leurs longs tentacules.

Les scyphozoaires présentent une dominance du stade méduse, le stade polype pouvant être complètement absent. Ces grandes méduses urticantes *(Pelagia, Rhyzostoma)* peuvent être dangereuses pour l'homme, provoquant des brûlures très douloureuses, et parfois des syndromes allergiques graves.

Les anthozoaires ou « animaux fleurs » sont formés uniquement par des polypes solitaires ou coloniaux. Très diversifiés, ils sont divisés en deux groupes, suivant le nombre de cloisons gastrovasculaires et de tentacules. Parmi les octocoralliaires à symétrie radiaire de type 8, les alcyonaires comprennent des espèces au corps charnu d'où émergent de nombreux polypes irrégulièrement dispersés (alcyons) ; le squelette est formé de spicules isolés. Les gorgonaires, connus pour leur valeur décorative, ont un squelette formé de spicules et d'un axe soit corné (gorgones), soit calcaire (corail rouge). Les pennatulaires ont un squelette composé de spicules calcaires épars ; les polypes sont répartis le long d'un grand polype axial modifié (vérétille).

Les hexacoralliaires sont également bien représentés dans les eaux méditerranéennes. Sous forme de polypes complètement dépourvus de squelette, les actiniaires ou anémones de mer, bien qu'ayant la possibilité de se déplacer par contraction du corps, vivent généralement fixées au substrat. Elles peuvent *(Actinia equina)* ou non *(Anemonia sulcata)* rétracter leurs tentacules. Les madréporaires ou coraux existent aussi en Méditerranée soit sous forme isolée *(Leptopsamia caryophyllia)*, soit sous forme coloniale *(Cladocora cespitosa)* ; dans ce cas, les colonies atteignent au maximum soixante centimètres de diamètre, et ne constituent jamais l'équivalent des formations coralliaires des mers tropicales. Les zoanthaires, en colonies encroûtantes, tapissent très fréquemment les parois surplombantes ou les grottes littorales ; ils sont dépourvus de squelette *(Parazoanthus axinellae)*. Les cérianthaires méritent particulièrement leur appellation d'« animaux fleurs » ; sous forme de gros polypes solitaires logés à l'intérieur d'un tube muqueux, dépourvus de squelette,

ORGANISATION D'UNE ANEMONE

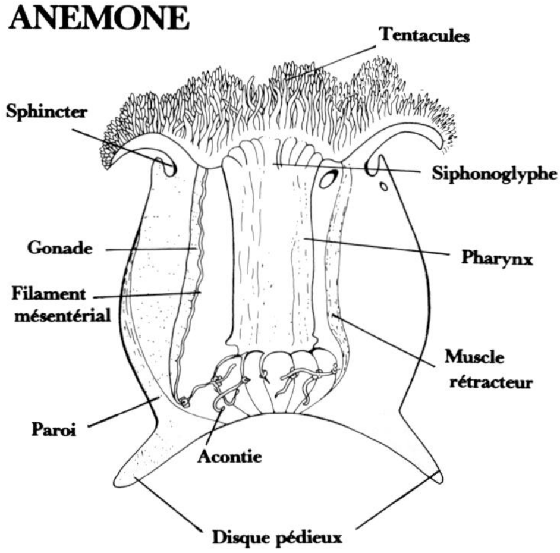

Condylactis aurantiaca. *Cette grande anémone à tentacules rétractiles vit enfouie dans le sable, sa sole pédieuse étant fixée aux pierres ou aux coquilles enfouies. – 17 m.*

ils peuvent étaler à l'extérieur plusieurs couronnes de tentacules de couleur variée *(Cerianthus)*.

Les cténaires

Proches des cnidaires, ils sont parfois groupés avec eux sous le nom de cœlentérés. Composés comme eux d'un ectoderme séparé d'un endoderme par la mésoglée, ils en diffèrent par l'absence de nématocystes et de polymorphisme (pas d'alternance polype-méduse). Presque exclusivement planctoniques marins, ils se déplacent grâce au battement de rangées de palettes ciliées. Strictement carnivores et voraces, ils capturent de petits organismes planctoniques au moyen de cellules adhésives situées sur les tentacules et les palettes. Certains ont une forme ovoïde (béroé) d'autres un corps comprimé et allongé en ruban (ceinture de vénus).

Les vers

D'innombrables vers vivent dans les fonds méditerranéens, mais la plupart échappent à l'observation, soit en raison de leur taille, soit parce qu'ils vivent cachés dans une multitude d'abris. Les vers sont les premiers organismes pluricellulaires à posséder trois couches de cellules ; la mésoglée est remplacée par un tissu soit diffus (acœlomates), soit présentant une ou plusieurs cavités (cœlomates). L'acquisition de ce troisième feuillet représente, au plan évolutif, un gain très net dans le sens de la complication structurale et du raffinement fonctionnel. Ce terme général de « vers » regroupe plusieurs embranchements : les plathelminthes, les annélides et les échiurides.

Les plathelminthes ou vers plats. Très rudimentaires, ils présentent une symétrie bilatérale et un corps mou non segmenté à aspect de feuille. Ce groupe présente de nombreuses formes parasites. Les plus grandes formes libres marines nagent par ondulation du corps *(Prostecereus roseus)*. Carnivores, ils se nourrissent en sécrétant une substance muqueuse et adhésive qui emprisonne et immobilise de petites proies. Ce sont des organismes hermaphrodites qui incubent généralement leurs œufs.

Les annélides. Ce groupe rassemble des formes aussi différentes que les vers de terre, les sangsues et les polychètes marins. Ce sont des cœlomates caractérisés par la segmentation en anneaux, la différenciation d'une tête et l'apparition de véritables systèmes organisés (circulatoire, excréteur, nerveux, sensoriel).

Les polychètes marins sont très diversifiés ; leur corps comprend typiquement trois régions : la tête avec des palpes, un à deux tentacules et les yeux, une partie moyenne formée d'une succession d'anneaux portant des appendices latéraux à soies chitineuses (parapodes) et une région postérieure percée par l'anus. Ce schéma fondamental peut être plus ou moins modifié par l'adaptation au mode de vie : les polychètes errantes sont des prédateurs ou des détritivores actifs vivant sous les rochers, parmi les algues et les animaux coloniaux, dans les herbiers ou dans le sédiment ; elles ont une

---

Parerythropodium coralloides. *Cet octocoralliaire vivant le plus souvent sur les axes dénudés de gorgones ressemble à un kaléidoscope miniature par la géométrie de ses polypes épanouis et par ses couleurs contrastées.*

tête bien distincte et des organes sensoriels perfectionnés. Les formes adaptées à la vie pélagique ont des parapodes bien développés et des soies natatoires. Les polychètes sédentaires ont une tête indistincte et des parapodes réduits ; elles comprennent des espèces de grande taille aisément repérables en plongée. Vivant soit isolées dans un tube membraneux à base de mucus et de sable (spirographe, sabelles) ou calcaire (serpules), soit sous forme de colonies *(Salmacina)*, elles sont capables de se retirer très brusquement à l'intérieur de leur tube grâce à des muscles très puissants ; ce sont des filtreurs microphages qui engluent les particules entraînées par le courant d'eau créé par la ciliature de leurs tentacules épanouis en panache.

Les échiurides et les bryozoaires

Le petit groupe des **échiurides** comprend des organismes à corps ovoïde, épais et non segmenté, prolongé par une trompe contractile. La plupart vivent retirés dans des terriers ou des anfractuosités rocheuses d'où émerge leur trompe fonctionnant comme un périscope et un collecteur d'aliment (bonellie). Seules les femelles sont en fait visibles car ce groupe présente la particularité de détenir le record de dimorphisme sexuel de tout le règne animal : le mâle microscopique vit en parasite sur la trompe de la femelle.

Les **bryozoaires** sont connus en Méditerranée surtout par les grandes espèces calcifiées, vivement colorées en rose, rouge ou orange, fréquentes dans toute la zone littorale. Ce sont des organismes typiquement coloniaux, formés d'unités zoeciales en communication les unes avec les autres, et comprenant une minuscule logette ou cystide dans laquelle est suspendu le polypide. Chez les espèces perennantes, le cystide est permanent, tandis que le polypide peut être renouvelé plusieurs fois au cours de la vie de la colonie. Le polypide est composé d'une anse digestive et d'une couronne tentaculaire ou lophophore qui peut se rétracter à l'intérieur du cystide, ou s'étaler à l'extérieur pour former un filtre à particules. Ce sont des organismes hermaphrodites qui incubent leurs œufs et libèrent des larves ciliées nageuses se fixant assez rapidement pour donner une nouvelle colonie. Les colonies calcifiées sont assez polymorphes : petits buissons ramifiés d'un centimètre *(Caberea, Bugula)*, grandes colonies encroûtantes, arbusculaires *(Myriapora)*, en volutes (dentelles de Neptune) ou en frondes dressées laciniées *(Hippodiplosia)*.

Les échinodermes

Aucun autre groupe ne symbolise plus la mer que celui qui regroupe les étoiles de mer, les oursins et les holothuries. Strictement marins, ils représentent un phylum très ancien (ère primaire) et distribué sous tous les climats et à toutes les profondeurs. Ils ont typiquement une symétrie pentaradiée qui se superpose à une symétrie bilatérale primitive. Ce sont des organismes non segmentés, sans céphalisation et présentant un endosquelette

---

Astropartus arborescens, *à l'aspect de Gorgone légendaire avec ses bras ramifiés, ne s'observe que très rarement. Accrochée ici sur une gorgone, elle peut se déplacer en pleine eau par ondulation de ses bras. – 50 m.*

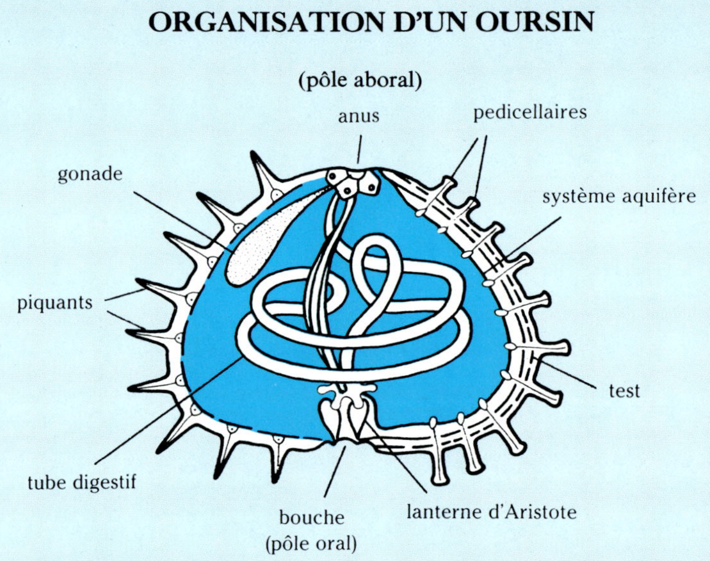

calcaire formé soit de spicules, soit de plaques séparées ou soudées en un test compact. Le corps très polymorphe comprend deux faces d'extension parfois inégales (holothuries) : une face orale avec la bouche au centre et une face aborale. Sur la face orale rayonnent cinq zones ambulacraires parcourues par un réseau de tubes aboutissant à des pieds ambulacraires creux (système aquifère) assurant la locomotion et l'adhérence au substrat. Ils possèdent un tube digestif, une chaîne nerveuse dorsale et un système hémal contenant le sang, simples, mais bien individualisés. En général, les sexes sont séparés ; la fécondation est externe et l'œuf donne une larve de type pluteus. Ils sont représentés en Méditerranée par cinq classes : les crinoïdes, les holothurides, les échinides, les astérides et les ophiurides.

Les crinoïdes actuels représentés par les comatules *(Antedon)* sont les survivants d'un groupe très ancien ayant donné des formes fixées gigantesques (plus de vingt mètres) ; d'une dizaine de centimètres, ce sont des organismes très gracieux formés d'un calice central d'où partent cinq bras se ramifiant pour donner dix expansions pinnées très mobiles. A la face inférieure du calice des cirres tentaculaires, dont certains sont crochus, permettent leur fixation sur le rocher ou les algues ; les comatules peuvent également nager par des mouvements très élégants des bras. Ce sont des filtreurs microphages qui captent, grâce à la ciliature de leurs bras, de petites particules en suspension.

Les holothurides, connus sous le nom de « concombres de

Dans les zones très calmes, des peuplements très denses à algues vertes et brunes peuvent masquer complètement les rochers littoraux. Un peuplement à dominante de cystoseires se reflète ici sous la surface de l'eau.

mer », ont un corps généralement cylindrique, visqueux et couvert de papilles ou tubercules ; ils reposent sur un côté l'axe oral-aboral étant parallèle au support. Au pôle oral, la bouche est entourée de cinq tentacules ramifiés. L'endosquelette est absent ou réduit à des spicules spéciaux (sclérites). Certaines espèces *(Holothuria forskali)* sont capables d'expulser par l'anus de longs filaments collants (tubes de Cuvier) pouvant immobiliser un éventuel agresseur (tel un crabe). Les holothuries se nourrissent à partir de petits organismes ou de débris qu'elles ingèrent avec le sable ou la vase, les particules indigestes englobées dans du mucus sont rejetées sous forme de cordons.

Les échinides ou oursins possèdent un test calcaire couvert de piquants articulés venimeux et formé de plaques compactes percées de pores permettant la sortie des pieds ambulacraires. De minuscules pinces à mors (pédicellaires) sont également fixées au test ; assurant le nettoyage du test, elles participent à la capture de petites proies et possèdent parfois des glandes venimeuses. La

Paroi infralittorale rocheuse surplombante montrant un recouvrement très important composé d'une mosaïque d'algues vertes ou d'algues rouges calcifiées, de gorgones, d'éponges et de bryozoaires. – 10 m (ci-contre).

Paracentrotus lividus. *Bien connue des amateurs, cette espèce comestible est caractéristique de la zone infralittorale où elle est très commune sur les rochers et dans les herbiers. Elle se recouvre fréquemment de débris d'algues ou de coquilles (ci-dessous).*

bouche est entourée de cinq dents assemblées en un système complexe (lanterne d'Aristote) leur permettant de gratter les rochers et les algues. Les oursins réguliers ont un corps plus ou moins sphérique, aplati au pôle oral, à piquants acérés *(Arbacia lixula, Paracentrotus lividus)* ou trapus *(Cidaris cidaris)*. Les oursins irréguliers ont un corps aplati à piquants minces et moins nombreux *(Spatangus purpureus)* ; l'asymétrie est créée par le déplacement de l'anus vers le pôle oral.

Les astérides ou étoiles de mer possèdent typiquement cinq bras trapus fixés sur un disque central et soutenus par un endosquelette en plaques. La bouche est située sur la face orale inférieure et l'anus à la face aborale. Carnivores et parfois très voraces, elles se nourrissent de coquillages, de petits crabes, d'annélides et même de poissons morts ou inactifs ; elles sont capables de dévaginer leur estomac pour gober leur proie. Elles se déplacent grâce à leurs bras dont la face inférieure possède des rangées de pieds ambulacraires. Elles ont un étonnant pouvoir de régénération reformant très rapidement un bras cassé. En Méditerranée, les étoiles de mer sont très largement répandues sur les rochers *(Marthasterias glacialis)* dans les herbiers *(Echinaster sepositus)* ou les fonds meubles *(Astropecten aurantiacus)*.

Les ophiurides ou ophiures ressemblent aux étoiles de mer, mais leurs bras sont longs, minces et très flexibles ; simples *(Ophiotrix fragilis, Ophioderma longicauda)* ou ramifiés *(Astropartus mediterraneus)*, ils sont très mobiles grâce à l'articulation de leur squelette. Douées d'un très grand pouvoir de régénération, elles peuvent, en cas de danger, casser volontairement leurs bras par autotomie et les reconstruire très facilement.

Les mollusques

Cet embranchement est bien connu grâce à ses espèces comestibles (coquillages, calmar, seiche) ainsi que par l'exploitation commerciale de certaines de leurs coquilles (collections, bijoux, boutons). Très répandus dans tous les milieux, ils présentent une très grande diversité de formes et de couleurs, souvent en relation avec leur habitat et leur mode de vie. Le schéma fondamental comprend un corps mou, non segmenté (sauf chez certaines espèces primitives), divisé en trois régions : une tête bien individualisée pourvue d'organes sensoriels spécialisés, un pied musculeux utilisé en général pour la locomotion et une masse viscérale enveloppée par un ou deux replis formant le manteau qui sécrète en général une coquille calcaire. Quatre classes représentent en Méditerranée les mollusques : les polyplacophores, les gastéropodes, les pélécypodes et les céphalopodes.

Les polyplacophores ou chitons sont, en Méditerranée, des organismes de petite taille (2-3 cm maximum) vivant sur les rochers littoraux fixés par leur sole pédieuse fonctionnant comme une ventouse. Leur corps est aplati et couvert de huit plaques calcaires assurant leur protection. Très sédentaires, ils ne se déplacent guère, se nourrissant par grattage des algues et des rochers.

Luidia ciliaris, *grande étoile de mer, peut se rencontrer dans les herbiers mais surtout dans les fonds sablo-vaseux au-delà de 50 m. Présente la particularité de posséder sept bras. Carnivore, elle se nourrit de mollusques et d'échinodermes.*

Les gastéropodes, très diversifiés, ont la particularité de subir au cours de leur développement une torsion à 180° qui ramène l'arrière vers l'avant et dispose le corps en spirale ; cependant, chez certains, le corps peut être secondairement déspiralé. Les prosobranches ont une coquille bien développée, parfois fermée par un opercule, et de forme très variée : conique non ellicoïde (patelles), en écuelle percée de trous (ormeau), en cône spiralé (murex, buccins, tritons, cônes) ou en tube déspiralé (vermets). Les opisthobranches présentent une forte tendance à la réduction de la coquille ; celle-ci est absente chez les nudibranches aux formes très élégantes et très colorées *(Glossodoris, Peltodoris, Facelina, Flabellina)*. La microphagie est très répandue chez les gastéropodes. La majorité d'entre eux se nourrissent de particules arrachées par leur radula (sorte de petite râpe de la cavité buccale) à la surface des rochers, des algues ou des animaux sessiles ; certains sont cependant adaptés pour la capture des particules en suspension grâce à des mécanismes ciliaires et du mucus (crépidules) ou à des filaments de mucus formant piège (vermets). D'autres sont carnivores, leur radula portant des dents acérées (cônes, murex, buccins).

Les pélécypodes rassemblent les bivalves comprenant la plupart des coquillages comestibles : coques, palourdes, moules, huîtres et coquilles Saint-Jacques. Ils sont caractérisés par la présence d'une coquille calcaire à deux valves articulées que l'animal peut retenir fermées grâce à des muscles très puissants. Leur mode de vie est très varié : les fouisseurs s'enfoncent dans le sable et la vase grâce à la turgescence de leur pied et possèdent généralement deux si-

ORGANISATION

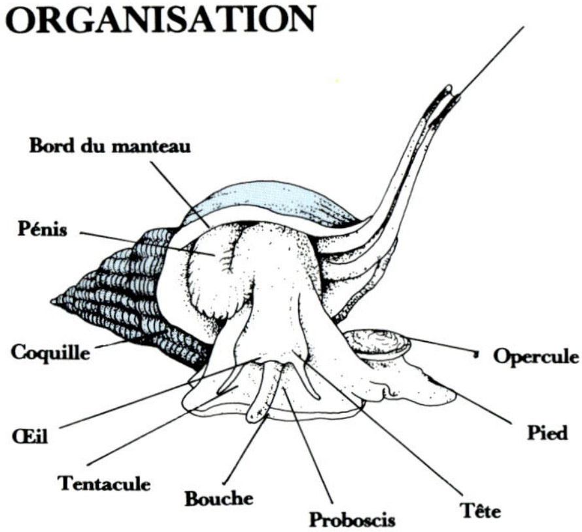

phons saillant à l'extérieur (coques, praires) ; certains nagent par brusque fermeture des valves formant réaction (coquille Saint-Jacques, *Lima*) ; sur les rochers littoraux beaucoup d'espèces sont fixées soit par une valve (huître, *Arca*), soit par les filaments adhésifs de leur byssus (moule) ; la nacre *(Pinna nobilis)* représentant la plus grande espèce de bivalve de nos côtes (jusqu'à 40 cm) vit fichée dans le sédiment des herbiers de posidonies ; enfin, une dernière catégorie éthologique est formée par les espèces perforantes ou foreuses qui s'installent, soit dans les rochers calcaires ou les concrétions (datte de mer ou lithodome), soit dans les bois (tarets). La grande majorité est, malgré cette diversité, adaptée à une nutrition microphage par filtration de l'eau de mer ; très actifs, ils sont capables de pomper et de filtrer, à l'aide des formations ciliaires et muqueuses de leur branchie, jusqu'à 20 litres d'eau par heure.

Les céphalopodes, comprenant les calmars, pieuvres (ou poulpes) et seiches, se placent, du point de vue de la complexité et du

Chromodoris luteorosa. *Pouvant atteindre 2 cm de long, ce nudibranche se nourrit d'éponges qu'il broute grâce à sa radula. — 20 m.*

comportement, au sommet de l'évolution des invertébrés. Appartenant à un groupe très ancien, ils sont tous marins et très largement distribués depuis la zone littorale jusqu'aux plus grandes profondeurs. Ils sont caractérisés par une couronne de bras à ventouses, ceignant la tête, et par un entonnoir dérivé du pied et sortant de la cavité palléale ; l'eau est éjectée par l'entonnoir, ce qui, le plus fréquemment, propulse l'animal en arrière. Les céphalopodes actuels sont dépourvus de coquille externe, mais certains possèdent une coquille interne réduite (« os » de seiche ou « plume » du calmar). Le développement de la tête, avec des organes sensoriels très organisés et un cerveau à constitution complexe, s'accompagne d'une mobilité très grande ; ce sont des chasseurs actifs qui capturent leurs proies (mollusques, crustacés, poissons) grâce aux bras et tentacules, et qui les déchiquètent entre leurs puissantes mâchoires formant un bec. Doués d'une grande faculté de mimétisme grâce à la présence dans leur derme de cellules pigmentaires (chromatophores), ils rejettent parfois un écran d'« encre » (poulpe, seiche) leur permettant de se soustraire à un éventuel agresseur. Les sexes sont toujours séparés ; le mâle féconde la femelle grâce à un bras modifié ou bras hectocotyle. Les œufs, isolés ou en grappes, sont soit fixés sur les algues ou les pierres, soit pélagiques. Le groupe des décapodes (8 bras et 2 tentacules) comprend les seiches qui vivent dans les herbiers ou les rochers de la zone littorale, et les calmars pélagiques. Les octopodes (8 bras) ou poulpes sont des organismes côtiers qui peuvent atteindre 1,5 m d'envergure et qui, le plus souvent, rampent grâce à une *(Eledone)* ou deux *(Octopus)* rangées de ventouses sur les bras.

Les crustacés

Ce sont des arthropodes aquatiques présentant, comme les autres groupes (mille-pattes, araignées, insectes), une symétrie bilatérale, une segmentation avec primitivement une paire d'appendices par segment, un exosquelette formé par une cuticule chitineuse recouvrant la surface du corps et les appendices et dont le renouvellement périodique (mue) permet leur croissance. Leur respiration se fait en général à l'aide de branchies. Leur corps est divisé en trois régions : la tête, le thorax et l'abdomen portant des appendices typiquement biramés présentant une évolution adaptative avec une variété de fonction. La tête porte deux paires d'antennes, les yeux composés et cinq paires d'appendices céphaliques (dont une paire de mandibules) adaptés à la manipulation de la nourriture et à la ventilation de branchies ; le thorax porte typiquement huit paires d'appendices locomoteurs dont les premiers peuvent être secondairement transformés en pièces buccales ou adaptés à la préhension ; l'abdomen, terminé par une queue ou telson dépourvue d'appendices, porte 6 à 7 appendices locomoteurs ou modifiés pour certains en appendices copulateurs chez le mâle, et ovigères chez la femelle. Leur régime alimentaire est varié : certains sont prédateurs et carnivores, d'autres sont détritivores, d'autres enfin, adaptés à se nourrir par filtration, entretien-

Portunus corrogatus. *Cette étrille de couleur rouge vif que l'on peut rencontrer sur les rochers littoraux est adaptée à la nage grâce à la transformation de la dernière paire de pattes en palettes natatoires. – 30 m.*

nent un courant d'eau et brossent les particules grâce à la ciliature de leurs pièces buccales. Les sexes sont généralement séparés ; le développement de l'œuf donne un stade larvaire planctonique, type nauplius, qui subit plusieurs transformations avant de parvenir à l'état adulte. Les crustacés sont souvent très colorés, présentant dans leurs téguments des pigments variés (rouge, orange, jaune, violet, vert bleu, brun) parfois localisés dans des cellules spéciales ou chromatophores. Il serait hors de propos de passer en revue l'ensemble des crustacés représentés en Méditerranée ; de nombreux groupes, dont les copépodes, amphipodes, isopodes, ont, en effet, des espèces planctoniques ou benthiques qui bien que très abondantes échappent complètement à l'observation du fait de leur petite taille.

Parmi les crustacés inférieurs ou entomostracés, les **cirripèdes,** tels les balanes ou les chtamales, sont des formes communes dans la zone superficielle rocheuse. Le corps, très modifié, est contenu dans une carapace calcaire fermée par un opercule ; les appendices thoraciques en panache, jaillissant périodiquement à l'extérieur, entretiennent un courant d'eau alimentaire et respiratoire.

Les crustacés supérieurs ou malacostracés présentent en général une carapace au-dessus du thorax ; chez les **stomatopodes,** celle-ci n'est soudée qu'à trois segments thoraciques, les téguments sont peu calcifiés et l'abdomen est très développé. Les squilles doivent leur aspect de mantes religieuses à la transformation des cinq premiers appendices thoraciques (mais surtout du deuxième) en pattes ravisseuses ; ce sont des fouisseurs vivant dans des trous creusés dans le sable, ou la vase. Carnassiers, ils capturent surtout d'autres petits crustacés.

Chez les **décapodes,** la carapace est solidaire de tous les segments du thorax. Caractérisés par la présence de cinq pattes thoraciques, ils comprennent les grandes espèces d'intérêt économique et sont répartis en deux groupes : les natantia au corps comprimé latéralement avec des appendices abdominaux bien développés, en palettes natatoires, et les reptantia avec un corps aplati dorsoventralement et des appendices abdominaux réduits. Les natantia, plus connus sous le nom de crevettes, comprennent les Péneidae correspondant aux grandes formes commerciales pêchées au chalut, et les Cariidae généralement côtières et fréquentes dans les creux des rochers, les grottes, les herbiers et les algues *(Palaemon serratus, Periclimenes amethysteus)*. Les reptantia présentent des formes plus variées à carapace solide, souvent calcifiée. Les macroures ont un abdomen développé et une large queue formée par la dernière paire d'appendices abdominaux (uropodes) : les cigales de mer, fréquentes dans les herbiers et sous les surplombs rocheux, ont des antennes typiquement aplaties en palettes ; la langouste a la première paire d'antennes très longue, très robuste, qu'elle autotomise très facilement en cas de danger, et un céphalothorax hérissé de pointes et terminé à l'avant par un double zostre épineux ; le homard, également très recherché et plus rare, est carac-

Ci-contre, une paroi infralittorale à grandes gorgones. Le recouvrement en sous-strate, illustré par cette photo, est très dense et composé d'algues et d'organismes extrêmement variés donnant des paysages très colorés. – 15 m.

térisé par le développement de la première paire de pattes modifiée en pinces coupantes et broyeuses ; très sédentaire, il vit généralement dans un trou de rocher ou de coralligène, et sort la nuit pour se nourrir. Les anomoures présentent un corps mou, asymétrique, à abdomen réduit, et dont la cinquième paire de pattes est réduite ou modifiée les pagures ou bernard-l'hermite protègent leur corps vulnérable en s'installant dans des coquilles ou des éponges ; la galathée, très fréquente sur les surplombs ou les grottes littorales, tient son abdomen replié sous le céphalothorax, la cinquième paire de pattes étant adaptée chez cette espèce au nettoyage des branchies. Les brachyoures regroupent l'ensemble des crabes dont l'abdomen sans uropodes est réduit et replié sous le thorax. Leurs formes sont très variables ainsi que leurs couleurs *(Pachygrapsus, Portunus, Maja, Carcinus, Dromie)*. Les sexes sont séparés et la femelle porte les œufs vivement colorés attachés par une substance adhésive entre les appendices et l'abdomen. Très communs, ils sont cependant souvent difficiles à observer car réfugiés dans les fentes de rochers, les concrétions ou les herbiers.

Les tuniciers

Ces organismes, exclusivement marins, sont caractérisés par la présence d'un revêtement ou tunique formé de tunicine, substance complexe composée de cellulose et de sels minéraux. Ils se rapprochent des vertébrés par la présence, en général uniquement chez les larves ou têtards, d'une chorde dorsale superposée au tube nerveux.

Les ascidiacés adaptés à la vie benthique sont très répandus à tous les niveaux, mais abondent surtout dans la zone littorale. Ce sont des individus sacciformes, généralement fixés à l'état adulte, présentant un siphon buccal apical et un siphon cloacal dorsal. L'ascidie est traversée par un courant d'eau dont le rôle physiologique est fondamental : il permet la nutrition, la respiration, l'excrétion et l'évacuation des produits génitaux ou des larves. L'eau, entraînée par le battement de la ciliature des fentes branchiales, pénètre par le siphon buccal dans le pharynx branchial, passe à travers les fentes dans la cavité cloacale, et ressort à l'extérieur par le siphon cloacal. Dans le pharynx branchial, la respiration s'effectue, et les particules alimentaires sont captées par un microscopique filet à plancton formé de mucus sécrété en permanence. Ce sont des filtreurs actifs pouvant pomper jusqu'à 12 litres d'eau par heure. Hermaphrodites, ils présentent tous une reproduction sexuée avec fécondation interne. Chez les espèces ovipares, les œufs sont évacués avec le courant exhalant ; chez les espèces vivipares, ils sont incubés dans la cavité cloacale, soit simplement accumulés, soit entourés de véritables formations placentaires (botrylles, polyclinidés). La larve ou têtard se libère et, après une courte vie pélagique, se fixe et donne, après métamorphose, un nouvel individu. Les espèces simples, formant souvent de grands individus isolés, sont très différentes extérieurement par la

---

Clavelina lepadiformis. *Cette petite ascidie de 2 à 3 cm de hauteur seulement forme, du printemps à l'automne, de ravissants bouquets presque transparents soulignés de liserés blancs et accrochés sur les rochers de la zone littorale ou sur les gorgones. – 25 m.*

couleur et la consistance de la tunique ; celle-ci peut être contractile, mince *(Ciona)*, parcheminée et très résistante *(Halocynthia, Microcosmus, Styela)* ou non contractile, épaisse et mammelonnée *(Phallusia)*. Certaines espèces ont une reproduction asexuée par bourgeonnement, se superposant à la reproduction sexuée ; chez les formes sociales *(Clavelina)* le bourgeonnement se fait à partir de stolons, les individus conservant leur tunique et leur siphon indépendants ; chez les formes coloniales, le bourgeonnement s'effectue à partir des individus eux-mêmes; ceux-ci sont alors englobés dans une tunique commune et reliés par un réseau de canaux exhalants aboutissant à des orifices cloacaux communs. Certaines colonies sécrètent des spicules calcaires et forment des croûtes minces, parfois très coriaces *(Polysyncraton, Didemnum)* ; d'autres, dépourvues de spicules, sont globuleuses et translucides *(Amaroucium)*.

Les thaliacés adaptés à la vie pélagique, possèdent une tunique transparente ; ils présentent souvent une alternance de reproduction sexuée et asexuée, cette dernière donnant naissance à des colonies en chaînes (salpes).

Les poissons

Ils représentent la faune marine par excellence, leur connaissance est aussi vieille que la pratique de la pêche, qui remonte à la préhistoire. Ils couvrent un immense ensemble d'espèces, peuplant tous les milieux depuis les flaques temporaires jusqu'aux plus grandes profondeurs. Ne pouvant dans le cadre de ce guide détailler ce groupe, nous ne nous attarderons que sur les principaux caractères des formes communes des fonds rocheux ou concrétionnés, des herbiers ou des fonds meubles de la zone côtière.

On peut définir les poissons comme des vertébrés aquatiques respirant à l'aide de branchies et possédant des nageoires. Typiquement fusiforme, le corps peut aussi avoir des formes très variées. Les nageoires ont un rôle locomoteur et sustentateur ; les nageoires paires sont les homologues des membres des quadrupèdes : les pectorales représentant les membres antérieurs, les ventrales ou pelviennes les membres postérieurs. Les nageoires impaires (la ou les dorsales, la ou les anales, la caudale) sont situées dans le plan de symétrie du corps. La forme, les dimensions et les adaptations de ces nageoires sont autant de caractères de classification. Les téguments sont constitués, comme chez tous les vertébrés, d'un épiderme pluristratifié superficiel et d'un derme possédant des cellules pigmentaires (chromatophores) responsables de la coloration chimique des poissons. La dispersion ou la contraction des pigments à l'intérieur des chromatophores, conditionnée par des processus nerveux et hormonaux, permettent le mimétisme utile au camouflage (poissons plats ou des herbiers) et, à certains mâles, d'arborer une livrée « nuptiale » aux couleurs très vives (girelles, crénilabres...). Les organes sensoriels sont divers. Si la structure de l'œil est très proche de celle des vertébrés su-

Maena maena. *Le mendole est une espèce littorale, commune entre 20 et 130 m. Non consommée elle a été jadis déclarée impropre à la consommation même pour l'ordinaire des soldats ! et « mange-mandole » était considéré comme une grave injure. Mâle en parade nuptiale parmi l'herbier de posidonies.*

périeurs, la plupart des poissons sont plus ou moins myopes, adaptés surtout à la perception du mouvement. Le sens de l'ouïe ainsi que de l'équilibration est localisé au niveau des oreilles situées à l'arrière et à la base du crâne. Le sens olfactif, assez développé, leur permet de distinguer amis ou ennemis, et de « flairer » la piste menant à la nourriture ; ils y sont aidés également par leur sens gustatif localisé non seulement dans la bouche, mais aussi sur les barbillons, la tête et une grande partie de la surface du corps. Les poissons présentent, en outre, un appareil de perception qui leur est propre : la ligne latérale ; constituée par une rangée de corpuscules sensoriels visibles sur chacun des flancs, elle est le siège du mouvement directionnel permettant de localiser la provenance d'ondes de choc produites dans l'eau et de les identifier. Les branchies sont constituées de feuillets cutanés, à peau très mince, abondamment irrigués de sang et s'insérant sur les arcs branchiaux cartilagineux ; l'eau est aspirée par la bouche, puis passe à travers les lamelles branchiales où s'effectue la respiration. Le squelette se compose d'une boîte crânienne, d'une épine dorsale pourvue de côtes supportant le corps et du squelette des nageoires. D'après la nature de ce squelette, on distingue les chondrichthyens et les osteichthyens.

Ci-contre : un plongeur en scaphandre se promène parmi des gorgones de grande envergure, fixées sur les fonds de Port-Cros, à une profondeur approximative de – 15 m.

Les chondrichthyens à squelette cartilagineux, possèdent des écailles à constitution de dents, et 5 ou 7 paires de fentes branchiales nues ; leurs nageoires sont charnues et rigides. Les requins et les raies, connus également sous le nom de sélaciens, comportent quelques espèces communes dans la zone littorale. Les requins sont caractérisés par un corps en

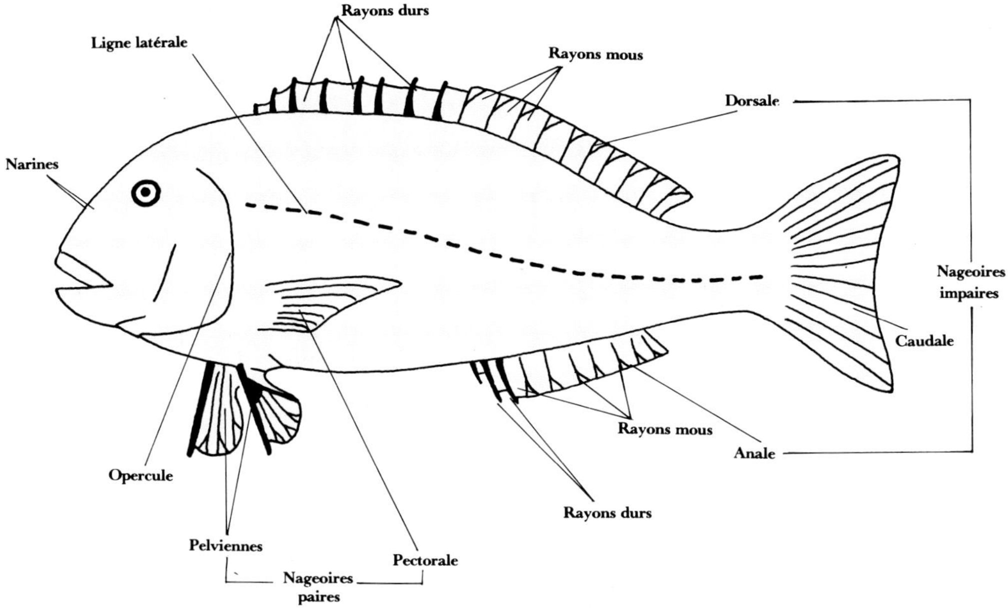

ORGANISATION D'UN POISSON OSSEUX

Les Spongiaires

10 - Crambe crambe. *Formant de grandes plaques orangées, c'est l'espèce la plus fréquente en Méditerranée entre 5 et 15 m. Vivipare, elle se reproduit en été.*
Heminycale columella. *Cette éponge encroûtante est caractérisée par de nombreux cribles regroupant les orifices inhalants.*

11 - Clathrina clathrus. *Formée d'un enchevêtrement de tubes mous translucides jaunes et anastomosés, cette espèce vit dans les fissures et sous les surplombs rocheux. 15 m.*

12 - Crambe crambe. *Les canaux exhalants, convergeant vers l'oscule, sont particulièrement bien visibles chez cette espèce.*

10▲ 11▼

12▶

13 - Suberites domuncula. *Cette « orange de mer », jusqu'à 5 cm de diamètre et souvent colonisée par un pagure, s'observe sur les fonds sableux littoraux. 25 m.*

14 - Haliclona mediterranea. *Rose violacée, à base encroûtante, cette éponge de fonds rocheux littoraux, est caractérisée par ses gros oscules à l'apex de tubes. 15 m.*

15 - Verongia aerophoba. *Facilement reconnaissable par sa forme et sa couleur, cette éponge, d'environ 10 cm, est fréquente sur les rochers entre 5 et 25 m. Exposée à l'air, sa teinte vire au brunâtre en raison de la présence d'une algue bleue dans ses tissus.*

16 - Petrosia ficiformis. *Cette éponge, marron, coriace, à surface boursouflée et nombreux oscules, est commune sur les rochers littoraux. 15 m.*

17 - Agela oroides. *De couleur beige orangée, à oscules bien visibles sur les parties dressées, cette espèce se fixe sur les fonds rocheux ou concrétionnés. 25 m.*

13▲ 14▼

15▼

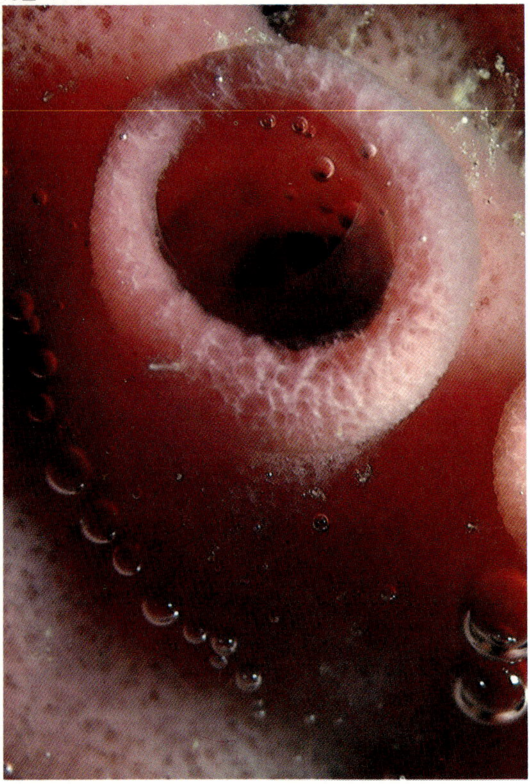

16▲ 17▼

Les Cténaires

18 - Cestus veneris. *Cette « ceinture de Vénus », au corps transparent, rubanné, de 1,5 cm de long, présente des éclats irisés dus au battement de palettes ciliaires bordant le corps. S'observe surtout au printemps nageant par ondulation.*

19 - Beroe ovata. *Cette espèce, au corps globuleux transparent de 8 à 10 cm, se propulse, surtout au printemps et en été, la bouche béante.*

18▼ 19▶

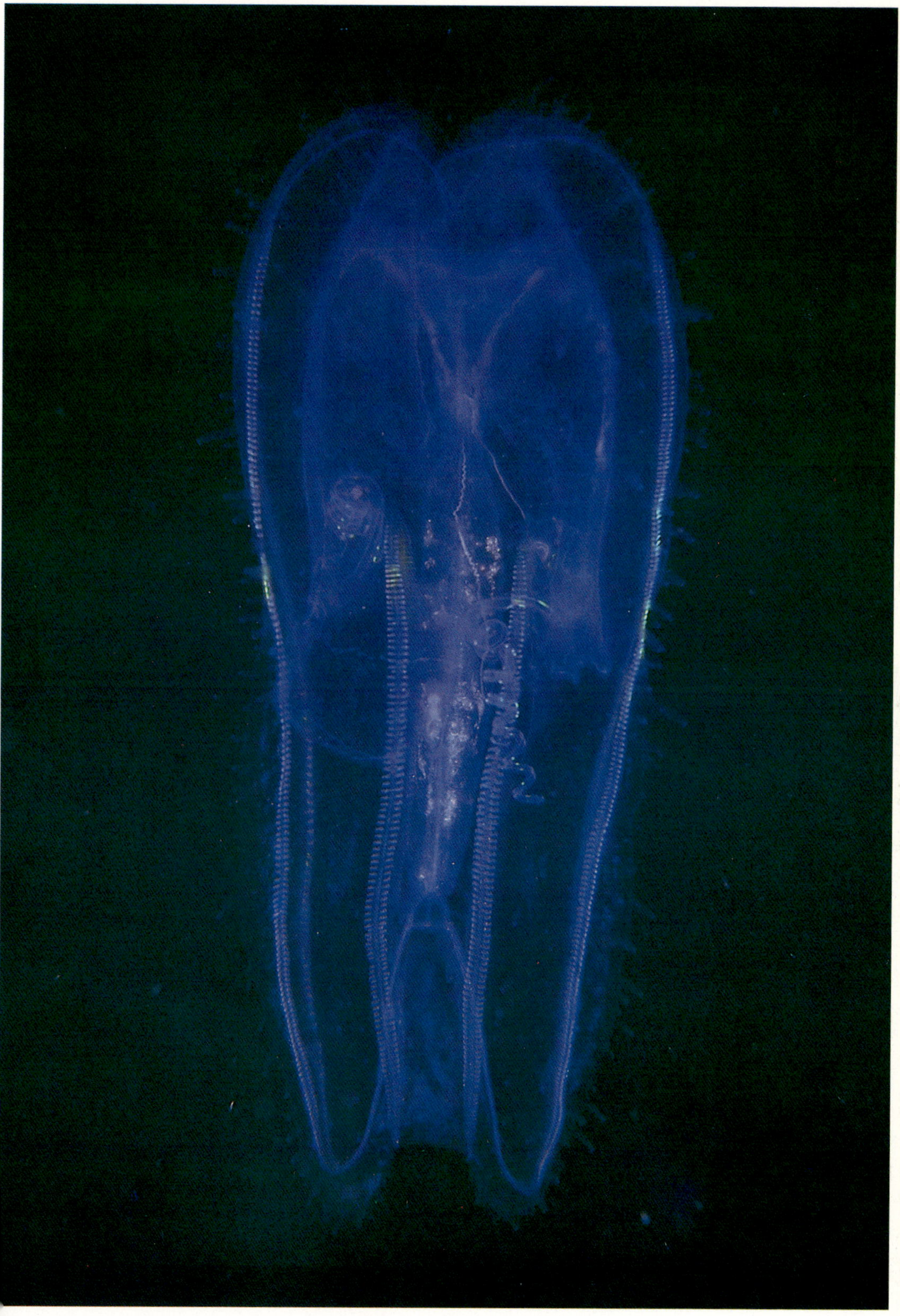

Les Cnidaires

20 - Rhyzostoma pulmo. *Méduse pélagique, fréquente au printemps, se déplaçant par contractions rythmées de son ombrelle gélatineuse en cloche frangée de bleu. Pouvant atteindre 40 cm de long, elle figure parmi les plus gros animaux du plancton.*

21 - Cotylorhiza tuberculata. *Méduse estivale à ombrelle aplatie et dont les tentacules labiaux, très développés à papilles bleu violet, servent d'abri à de jeunes poissons.*

22 - Pelagia noctiluca. *Grande méduse à longs tentacules urticants, observable surtout au printemps et en été. Les organes reproducteurs forment des épaississements roses sous l'ombrelle.*

20▲ 21▼

22►

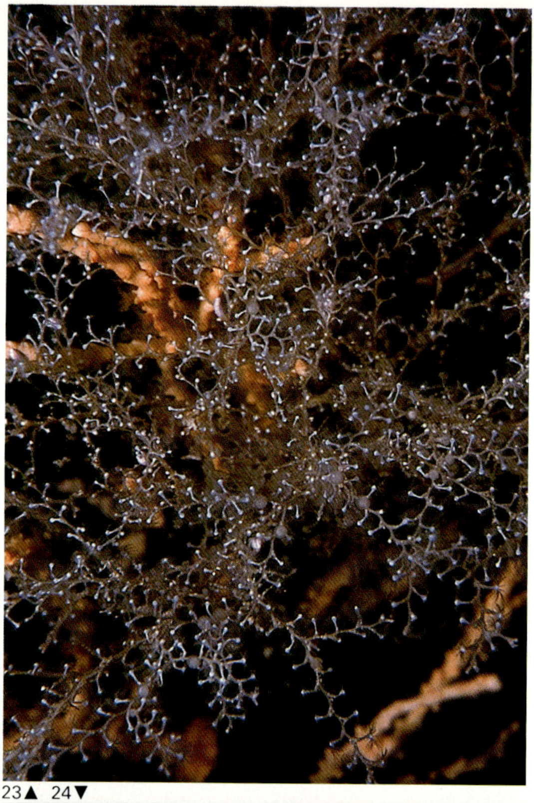

23 - Eudendrium ramosum. *Cet hydraire, formant des colonies rameuses de 5 à 10 cm, se développe au printemps sur les parois rocheuses ou les gorgones de la zone littorale. 20 m.*

24 - Aglaophenia septifera. *Hydraire plumeux de 3 à 4 cm peuplant la zone rocheuse littorale au printemps. Les organes reproducteurs forment des bourgeons médusoïdes. 10 m.*

25 - Alcyonium acaule. *Formant des colonies charnues de couleurs vives à nombreux petits polypes blancs contractiles, cet octocoralliaire est commun sur les tombants rocheux et le coralligène. 15 m.*

23▲ 24▼

25▶

26▲ 27▼

26 - Paramuricea clavata. *Cette gorgone de grande envergure déploie des éventails vivement colorés à partir de 17 m sous les surplombs et jusqu'à une centaine de mètres. 20 m.*

27 - Paramuricea clavata. *Les branches sont formées d'un axe corné entouré d'une couche charnue d'où émergent des polypes contractiles à huit tentacules pennés.*

28 - Eunicella stricta. *Cette gorgone blanche très commune peuple les surplombs près de la surface, les parois rocheuses ombragées et le coralligène. 15 m.*

29 - Eunicella cavolini. *Cette belle gorgone rose orangé est fréquente dans la partie est de la côte méditerranéenne française. A partir de 20 m.*

28▲ 29▼

30 - Corallium rubrum. *Son axe calcifié rose ou rouge étant très exploité en bijouterie, ce corail est devenu rare dans les cinquante premiers mètres. Dans les anfractuosités du coralligène, les colonies déploient leurs grands polypes blancs à huit tentacules. 30 m.*

31 - Astroides calycularis. *Ce madréporaire du sud de la Méditerranée tapisse les parois rocheuses côtières ombragées et les grottes. La bouche en fente ingère les petites proies paralysées par les cellules urticantes de la couronne tentaculaire. 15 m.*

32 - Parazoanthus axinellae. *Les polypes contractiles de ce zoanthaire forment des colonies compactes, sans squelette, de couleur jaune, tapissant les grottes ou les surplombs rocheux ombragés. 5 m.*

30▲ 31▼

32►

33 - Cladocora caespitosa. *Seul madréporaire de Méditerranée formant des colonies importantes, qui s'accroissent par bourgeonnement à la base. S'observe de 15 m à plusieurs centaines de mètres. 85 m.*

34 - Caryophyllia clavus. *Ce madréporaire, formé d'un calice isolé de 1,5 cm et divisé par des cloisons radiaires, peuple les parois rocheuses et les coquilles jusqu'à 120 m.*

35 - Leptopsammia pruvoti. *Ce madréporaire, à calice cylindrique et polype jaune vif, est fréquent sous les surplombs rocheux, sur les parois de grottes et le coralligène entre 20 et 50 m.*

36 - Caryophyllia clavus. *Les polypes épanouis étalent leurs tentacules blanc bleuté bourrés de capsules urticantes formant des points blancs.*

33▲ 34▼

FENZY M3

forme de torpille et un museau proéminent surmontant la bouche largement fendue, armée de dents préhensiles, pointues et coupantes. Des denticules serrés rendent la peau rêche comme du papier de verre. Sur les côtes méditerranéennes, les requins sont essentiellement représentés par les roussettes, appelées aussi chiens de mer, se tenant de préférence sur les bancs de sable plantés d'algues, entre 10 et 85 m de profondeur ; carnassières, elles chassent, la nuit, petits poissons, crustacés et mollusques. Chez les raies, les nageoires pectorales très agrandies forment avec les flancs et la tête aplatis, une sorte de disque prolongé par l'appendice ventral, les yeux et les évents sur la face dorsale. Les dents cutanées sont remplacées par de grandes pointes éparpillées sur le corps, ou disposées en rangées régulières. Ce sont des poissons vivant à proximité du fond, se nourrissant d'autres poissons, crustacés et mollusques qu'ils écrasent avec leurs dents en pavés. Les torpilles se reconnaissent à leur corps discoïde à queue courte ; à peau lisse, elles possèdent de part et d'autre de la tête un organe électrique, fonctionnant comme une pile de Volta, pouvant émettre des décharges servant à éloigner un agresseur, à paralyser ou même à tuer leurs proies. Les raies ont un corps losangique et une peau plus ou moins rugueuse ; certaines (pastenagues) sont venimeuses, pouvant infliger des blessures très douloureuses avec leur aiguillon caudal effilé. Les raies se localisent généralement à faible profondeur, plus ou moins enfouies dans le sable pendant le jour. Chez les sélaciens, la fécondation est interne, car le mâle possède des organes d'accouplement provenant de la transformation des rayons postérieurs des nageoires anales. La plupart des requins et beaucoup de raies, vivipares, libèrent des jeunes développés ; d'autres, telles les roussettes, pondent des œufs protégés par une capsule cornée translucide, se fixant aux algues ou aux pierres par des appendices adhésifs en vrilles.

Les osteichthyens, à squelette osseux, se caractérisent par la présence d'un opercule recouvrant les fentes branchiales ; la tête est recouverte de plaques osseuses sous-cutanées ; les nageoires sont mobiles grâce aux articulations des rayons sur le support osseux. Beaucoup de poissons osseux possèdent une vessie natatoire, parfois reliée à l'intestin par un canal, constituant un organe hydrostatique. La plupart sont ovipares et la fécondation est externe. Les œufs pélagiques sont petits et pondus en grand nombre pour compenser un taux de perte assez élevé ; ceux qui tombent sur le fond après la ponte ou restent collés aux algues ou aux pierres, sont en général plus gros et moins nombreux. Dans la majorité des cas, ils sont abandonnés dans l'eau ; cependant, certaines espèces (blennies, gobies), cachent leur frai à la face inférieure des coquillages ou des rochers, tandis que d'autres *(Crenilabrus griseus)* pratiquent une sorte de couvaison sur un nid rudimentaire. Beaucoup d'espèces ont un instinct grégaire et se déplacent en bancs ; c'est le cas notamment de la plupart des poissons pélagiques (sardines, anchois, maquereaux, thons) qui effectuent de grandes migrations et que l'on ne rencontre qu'exceptionnellement

Les fonds coralligènes doivent leur nom au corail rouge présent dans les fissures et les surplombs et sont constitués par des algues encroûtantes calcaires colonisées par une faune fixée et vagile très diverse. — 25 m.

dans la zone côtière. Les poissons osseux comprennent la grande majorité des espèces ; dans la zone côtière, celles-ci sont réparties en 5 ordres : les anguilliformes, les mugilifomes, les perciformes, les pleuronectiformes et les lophiiformes.

Les anguilliformes ont un corps très étiré, cylindrique ou subcylindrique ; la peau est épaisse et visqueuse, les écailles absentes ou peu développées. La murène *(Muraena helena)* au corps marbré atteint couramment 1 m de long ; elle est commune sur les côtes méditerranéennes où elle vit parmi les rochers. Sa réputation d'agressivité, en fait largement surfaite, est liée d'une part à sa vive réaction lorsqu'elle est dérangée, d'autre part à sa grande voracité ; sa morsure est douloureuse car ses dents crochues et tranchantes sont revêtues d'un mucus toxique. Le congre *(Conger conger)*, qui peut atteindre 3 m de long, a un corps à peau nue gris bleuté et à section pratiquement circulaire. C'est une espèce commune sur les fonds de sable ou rocheux où il chasse la nuit. Comestible, il est surtout utilisé en soupe ou dans la bouillabaisse.

Les mugiliformes ont un corps fusiforme typique qui en fait d'excellents nageurs. Les mulets ou muges ont un corps comprimé latéralement et couvert de grandes écailles leur donnant une couleur gris argenté ; ce sont des poissons côtiers, essentiellement grégaires et très méfiants, pouvant remonter les estuaires.

Les perciformes représentent l'ordre le plus important et comprennent de nombreuses espèces commerciales dont la chair est très appréciée. Les serrans, vivement colorés, ont la particularité d'être hermaphrodites ; côtiers et sédentaires, ils peuplent les rochers ou les herbiers. Les loups ou bars *(Dicentrarchus labrax)* sont très recherchés pour leur chair excellente ; très racés et rapides, ce sont des chasseurs infatigables, vivant en bancs, à proximité surtout des pointes rocheuses, récifs et caps. Le mérou *(Epinephelus guaza)* est l'un des plus gros poissons de nos côtes, reconnaissable par sa grande bouche à mâchoire inférieure très proéminente ; solitaire, il vit généralement très longtemps dans un même trou de rocher, se nourrissant de coquillages et de poissons. Très recherché, il devient rare sur nos côtes. La castagnole *(Anthias anthias)* rappelle par ses colorations vives et ses nageoires très longues, certains poissons tropicaux ; c'est un animal côtier et sédentaire vivant sur les graviers vaseux et les fonds concrétionnés (coralligène) entre 20 et 40 m. La corvine *(Corvina nigra)* brunâtre à reflets dorés, à chair excellente, vit généralement dans les herbiers. Les rougets, à coloration rutilante, vivent soit dans les fonds vaseux *(Mullus barbatus* ou rouget barbet) soit sur les fonds rocheux *(Mullus surmuletus* ou surmulet). Les *Sparidae* sont très communs dans les milieux côtiers méditerranéens, et ont un grand intérêt économique ; au corps ovale, allongé et comprimé latéralement, ils sont caractérisés par une dentition différenciée en canines, incisives et molaires dont la disposition et la formule sont utilisées pour leur détermination. Ils possèdent une caudale fourchue et une seule dorsale. La

Fond à corail rouge sur un promontoire rocheux profond. A ces limites de plongée en scaphandre autonome, gorgones, éponges, bryozoaires et coraux forment encore localement des peuplements denses auxquels le flash restitue la couleur. – 95 m.

forme la plus connue est la daurade *(Chrysophrys aurata)* reconnaissable grâce à sa tache dorée en forme de V entre les deux yeux ; pouvant atteindre 3 kilos, elle est très recherchée pour sa chair. Vivant dans les prairies de posidonie ou les fonds sablonneux, souvent en bancs, elle se nourrit de vers et surtout de coquillages qu'elle broie grâce à ses puissantes molaires. Les sars ou sargues, très connus des pêcheurs amateurs, sont très communs dans la zone côtière ; atteignant au maximum 15 à 20 cm, ils sont très voraces, carnassiers et herbivores. Les saupes *(Boops salpa)* vivant en bancs, ont un corps plus allongé, d'une trentaine de centimètres, strié de lignes longitudinales dorées. Les Labridae sont très communs et bien représentés ; ils ont un corps ovale à lèvres charnues et une seule dorsale. Les labres et les crénilabres sont des poissons de roche ou d'herbier aux couleurs vives, changeantes suivant l'âge et le sexe ; en général, le mâle a des couleurs plus vives, surtout en période de reproduction. Les girelles *(Coris julis)* sont des petits poissons, très communs dans les herbiers littoraux, les fonds rocheux et concrétionnés ; leur corps allongé et comprimé est recouvert de très petites écailles. Les blennies, de petite taille (20 cm maximum) ont une peau nue et visqueuse ; très répandues sur les substrats durs infralittoraux, elles pondent leurs œufs au plafond d'un nid aménagé. Le tripterygion *(Tripterygion tripteronotus)* n'a que 5 à 10 cm, mais le mâle, très vivement coloré, attire l'attention. Les gobies sont de petites espèces occupant les mêmes milieux que les blennies, et reconnaissables par leur ventouse constituée par la soudure des nageoires ventrales ; le mâle utilise les creux de rochers, les coquilles vides pour aménager une sorte de nid ; c'est également lui qui monte la garde près des œufs. Les rascasses sont bien connues par leur grosse tête à sillons, verrues ou lambeaux cutanés, leurs joues partiellement cuirassées d'épines et d'opercules, leur bouche énorme qui leur permet d'engloutir leurs proies avec facilité ; de mœurs indolentes et nocturnes, ce sont des sédentaires vivant dans les herbiers et les fonds rocheux. Ce sont des poissons venimeux, car certains rayons des nageoires dorsales, ventrales et anales contiennent des glandes à venin ; leur piqûre est très douloureuse, même après la mort de l'animal.

Les pleuronectiformes regroupent l'ensemble des poissons plats. Très comprimés latéralement, ils reposent sur un côté, les yeux situés sur le côté supérieur. Leur corps est recouvert d'écailles et possède une seule nageoire dorsale très longue, une seule nageoire anale, une caudale, des pectorales réduites ou absentes, des ventrales petites. Mauvais nageurs, ils hantent de préférence les fonds sableux ou vaseux dans lesquels ils se dissimulent, ne laissant sortir que le bout de leur tête. Les espèces côtières les plus communes sont le barbue *(Scophtalmus rhombus)* pouvant atteindre 80 cm de long et la sole *(Solea vulgaris)* ; leur chair est très recherchée.

Les lophiiformes sont caractérisés par une énorme tête, une bouche démesurée, une peau complètement nue portant de nombreux appendices et des yeux surmontés d'épines. Les

Des bancs de sars, ou sargues, bien connus des pêcheurs amateurs, peuvent être très communément observés dans l'ensemble de la zone littorale. Leur taille peut aller jusqu'à 20 cm.

baudroies ou lottes sont des poissons vivant sur le fond et à aspect repoussant ; le premier rayon de la nageoire dorsale est long et muni d'un lambeau charnu qui constitue un leurre servant d'appareil de pêche. Ce sont des poissons comestibles très estimés.

Les reptiles

Ce groupe a des représentants adaptés à la vie marine parmi les chéloniens ou tortues, caractérisées par leur carapace osseuse constituée d'os développés dans le derme ; cette carapace, revêtue ou non de plaques cornées, est seulement ouverte en avant et en arrière du corps pour laisser passer la tête et les pattes. Les tortues marines, adaptées à la vie pélagique, ont leurs pattes transformées en palettes natatoires, une carapace aplatie et des os réduits et allégés. Relativement rares, elles peuvent peser jusqu'à 450 kilos. Des nombreux genres qui existaient autrefois, il ne reste plus que 5 menacés par la pollution, la destruction des lieux de ponte, le ramassage inconsidéré des œufs, et la mode des objets en écaille. Trois espèces pénètrent occasionnellement en Méditerranée, mais une seule *(Caretta caretta)* y habite normalement et se reproduit sur nos côtes ; sa carapace peut atteindre 1 m, et elle peut peser jusqu'à 100 kg. Carnivore, elle se nourrit essentiellement de méduses, céphalopodes, poissons et coquillages. S'approchant des côtes en été, elle ne vient à terre que pour pondre.

Les mammifères

Les mammifères marins menant une vie purement aquatique appartiennent au groupe des cétacés. Leur adaptation morphologique au milieu est si poussée, qu'ils ressemblent superficiellement aux poissons : leur corps à peau nue et lisse a une forme hydrodynamique, et leurs membres sont modifiés en dispositifs propulseurs ou stabilisateurs. Ce sont pourtant des êtres à sang chaud, respirant de l'air à l'aide de poumons et allaitant leurs petits.

On distingue deux grands groupes, suivant que leur bouche est pourvue de dents (odontocètes : cachalots, dauphins, marsouins) ou de fanons (mysticètes : baleines et baleinoptères). Ils vivent généralement en bandes dans les eaux relativement profondes, et s'il est possible pour un plongeur d'observer en été sur nos côtes des dauphins, une telle rencontre reste exceptionnelle. Le dauphin commun, d'une taille moyenne de 2 m, a une longévité estimée de 20 à 30 ans. Il se nourrit essentiellement de poissons (anchois, sardines) ou de céphalopodes.

Delphinus delphis. *De 2 m à 2,50 m de longueur, le dauphin commun, excellent nageur et vivant généralement en groupe, ne s'observe que très rarement dans la zone côtière accessible en scaphandre autonome.*

LES ESPÈCES

Les Algues

1 - Peysonnelia squamaria. *Les frondes foliacées de cette algue rouge sont communes sous les surplombs ombragés et abrités, les cystoseires ou dans les grottes de la zone infralittorale. 15 m.*

2 - Sphaerococcus coronopifolius. *Cette algue rouge formant des touffes de rameaux aplatis, très ramifiés, d'aspect cartilagineux, est fréquente dans les zones infralittorales ombragées. 20 m.*

3. - Asparagopsis armata. *Cette algue rose en touffe, originaire d'Australie, a été introduite en Europe depuis le début du siècle. Composés d'axes à rameaux plumeux ou en forme de harpons, les individus mâle ou femelle s'observent sur les rochers infralittoraux superficiels. 5 m.*

1▲ 2▼

3▶

4 - Corallina elongata. *Cette algue rouge, pouvant atteindre 6 cm, est composée d'articles calcifiés de couleur rose. Très tolérante, elle peut former des tapis denses dans la zone superficielle. Fertile en été. 4 m.*

5 - Mesophyllum lichenoides. *Les thalles calcifiés rose violacé de cette algue rouge encroûtent les substrats rocheux ou concrétionnés jusqu'à 35 m. Fertile au printemps.*

6 - Padina pavonica. *Algue brune formant des volutes caractéristiques blanches à raies brunes sur les rochers superficiels des zones calmes. Se développe en fin d'été et à l'automne. 3 m.*

4▲ 5▼ 6▶

7 - Halimeda tuna. *Composée de raquettes plates calcifiées, cette algue verte, de 10 à 15 cm de haut, peuple certains fonds rocheux et concrétionnés entre 10 et 35 m. Elle se propage végétativement par des stolons.*

8 - Codium bursa. *Algue verte formant des sphères creuses jusqu'à 25 cm de diamètre et dont la paroi, d'aspect spongieux et velouté, est composée de filaments entremêlés sans cloisons. Fréquente dans la zone infralittorale rocheuse jusqu'à 30 m.*

9 - Acetabularia acetabulum. *Algue verte de 4 à 5 cm de hauteur pouvant former de véritables tapis dans les zones superficielles abritées. En forme de champignon à chapeau plat, elle présente la caractéristique d'être formée par une cellule unique. 10 m.*

7▲ 8▼

9▶

35▲ 36▼

37 - Anemonia sulcata. *Cette « ortie de mer », à longs tentacules peu rétractiles, est l'anémone la plus répandue en Méditerranée sur les rochers infralittoraux depuis la surface. Très urticante, elle peut provoquer des brûlures douloureuses. 3 m.*

38 - Cerianthus membranaceus. *Cette espèce, très décorative par ses couleurs variées et ses longs tentacules ondulants émergeant d'un tube gélatineux, est commune dans les fonds vaseux côtiers ou le coralligène. 25 m.*

39 - Actinia equina. *Cette anémone de couleur vive, fixée sur les rochers depuis la surface jusqu'à 10 m, peut se refermer en boule par contraction des tentacules. Les adultes expulsent par la bouche les jeunes incubés dans la cavité gastrique.*

37▲ 38▼ 39►

Les Vers

40 - Eunice torquata. *Ce polychète vagile, à corps cylindrique segmenté jusqu'à 20 cm de long, repérable par son collier blanc derrière la tête, peuple les eaux peu profondes sous les pierres et le coralligène. 30 m.*

41 - Sabella pavonina. *Ce polychète sédentaire de fonds côtiers (vase, herbier, coralligène) vivant dans un tube muqueux, peut étaler à l'extérieur les tentacules ciliés de ses lobes branchiaux; ce panache filtre les microparticules qui sont amenées à la bouche centrale. 20 m.*

42 - Prostecereus roseus. *Ce ver plat de 2 cm de long, vivant dans les fonds rocheux côtiers, est caractérisé par sa couleur rose violacé striée de blanc. Il se déplace par ondulation du corps.*

40▲ 41▼

42▶

43 - **Salmacina disteri.** *Polychète sédentaire vivant en colonie de 5 à 10 cm dans de fins tubes calcaires entrelacés. S'observe sur les rochers ou gorgones de la zone littorale. 15 m.*

44 - **Salmacina disteri.** *Les tentacules branchiaux peuvent s'épanouir à l'extérieur en un panache filtrant blanc bleuté.*

45 - **Spirographis spallanzani.** *Ce polychète sédentaire vivant dans un tube muqueux est la plus grande espèce de vers méditerranéens. Un des lobes branchiaux se développe en un panache rétractile spiralé de couleur variée. Caractéristique de la zone côtière et des ports. 20 m.*

43▲ 44▼ 45►

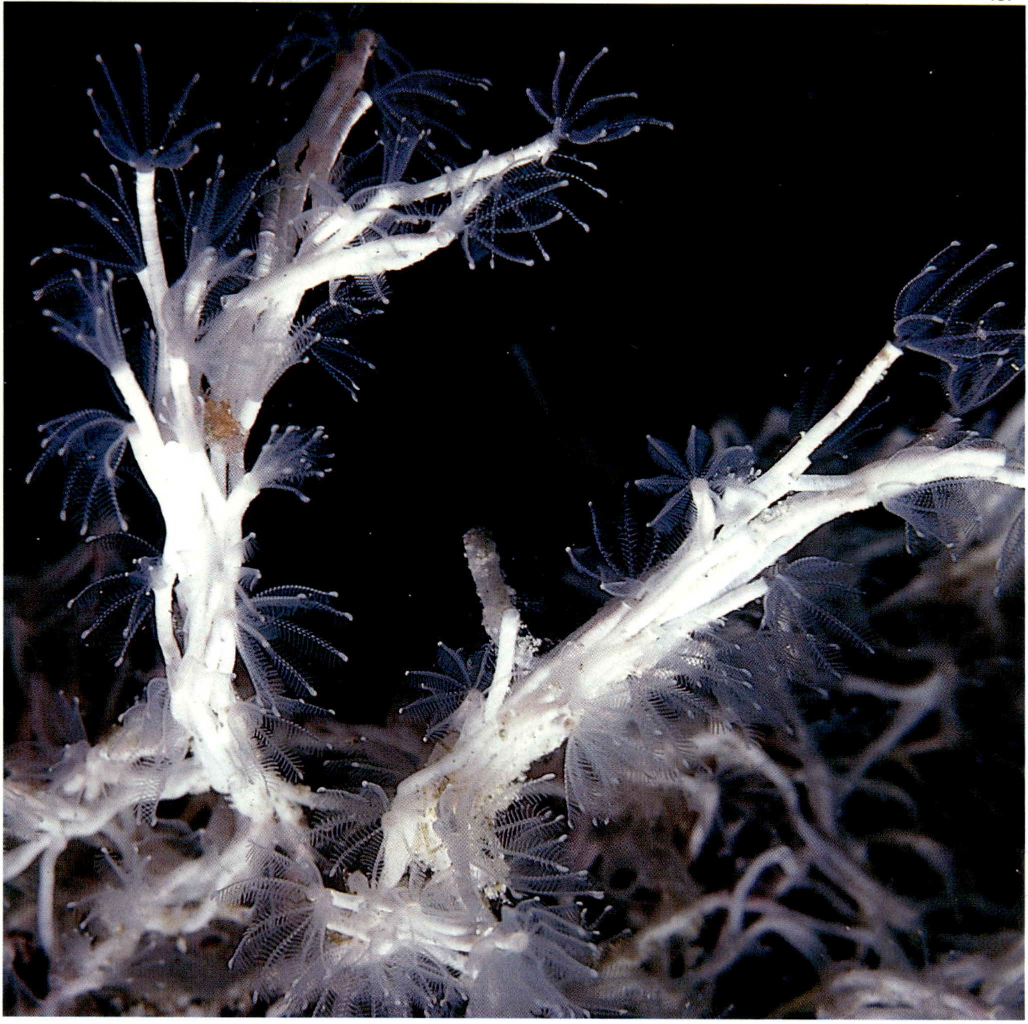

46 - Protula intestinum. *Polychète vivant sur les rochers à partir de 3 m. Le panache orangé de tentacules branchiaux peut se rétracter à l'intérieur du tube calcaire blanc sans opercule.*

47 - Bonellia viridis. *La femelle de cet échiuride, à corps non segmenté ovoïde, caché dans une anfractuosité, est repérable par sa longue trompe bifide contractile agglutinant les particules alimentaires. Cette espèce représente le cas le plus extrême de dimorphisme sexuel de tout le règne animal : le mâle microscopique vit en parasite sur la trompe de la femelle. 25 m.*

48 - Serpula vermicularis. *Les panaches rose et blanc de ce polychète sédentaire s'épanouissent parmi les* **Parazoanthus.** *Un opercule peut obturer le tube calcifié. 10 m*

46▲ 47▼

48►

Les Bryozoaires

49 - Sertella cellulosa. *Cette espèce forme au printemps et en été de superbes « dentelles de Neptune », résilles calcifiées roses de 3 cm à 6 cm de diamètre. S'observe entre 10 et 100 m sous les surplombs rocheux et dans les grottes.*

50 - Caberea boryi. *Ces petites colonies de 1 cm de haut, ramifiées en éventail, sont communes au printemps et en été en milieu ombragé entre 10 m et 35 m.*

51 - Myriapora truncata. *Grande espèce décorative connue sous le nom de « faux corail » formant des colonies branchues rouge orangé de 15 cm dans les zones ombragées infralittorales et le coralligène.*

49▲ 50▼ 51▶

52 - Hippodiplosia fascialis. *Ces grandes colonies à rameaux plats laciniés de couleur rouge orangé sont caractéristiques des parois rocheuses infralittorales et du coralligène entre 15 m et 50 m.*

53 - Beania magellanica. *Cette espèce forme des dentelles fragiles sur les rochers infralittoraux et le coralligène. 25 m.*

54 - Porella cervicornis. *Les colonies dressées calcifiées, à rameaux aplatis, se fixent sur les parois, les gorgones dans la zone infralittorale rocheuse. 20 m.*

52◄

53▲ 54▼

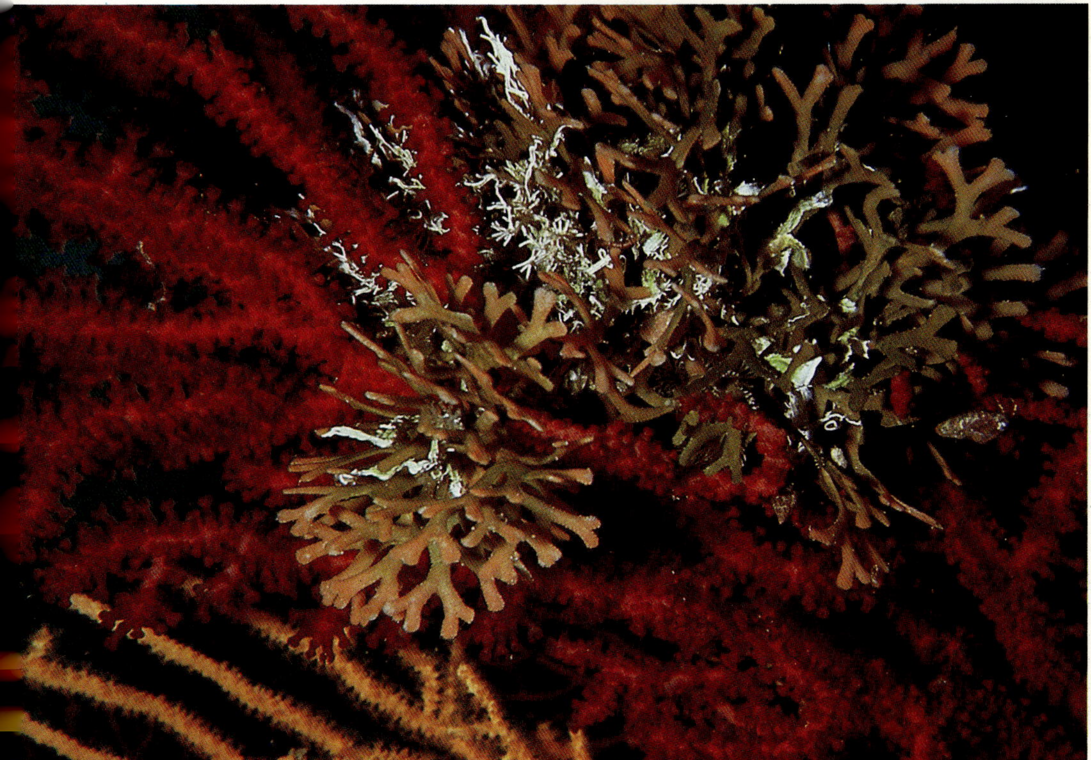

Les Échinodermes

55 - Antedon mediterranea. *Espèce très gracile formée d'un calice de 6 mm à 7 mm d'où partent des bras bifurqués très longs et pennés. Capable de nager sporadiquement par ondulations des bras, elle est commune à faible profondeur agrippée aux algues ou aux rochers. 20 m.*

56 - Antedon mediterranea. *L'ancrage est assuré par des cirres calcaires articulés terminés par un crochet et situés sur le pôle oral du calice.*

57 - Holothuria forskali. *Cette holothurie, commune dans toute la zone côtière, caractérisée par ses papilles à pointes blanches, est connue pour son aptitude à rejeter par l'anus des filament blancs, opaques, très adhésifs. Se nourrit en avalant les particules du sédiment rejeté sous forme de boudins. 10 m.*

55▲ 56▼

57▶

58 - Arbacia lixula. *Oursin régulier caractérisé par sa couleur noire et ses piquants longs et fins. Très commun jusqu'à 5 m sur les rochers dont il broute les algues calcaires, il se recouvre souvent de débris d'algue et de coquille.*

59 - Holothuria tubulosa. *Holothurie marron à grosses papilles saillantes, commune sur les fonds sableux à proximité des herbiers, des fonds rocheux et du coralligène. 10 m.*

60 - Paracentrotus lividus. *Oursin commun, comestible, vert, brun ou violet ; vit en populations dans la zone infralittorale rocheuse ou les herbiers. 15 m.*

58▲ 59▼

60▶

61 - Sphaerechinus granularis. *Ce grand oursin comestible est caractérisé par ses piquants trapus, mauves à extrémités blanches. Commun sur les rochers et le coralligène mais surtout dans les herbiers de posidonies. 20 m.*

62 - Echinus acutus. *Cette grande espèce, à test globuleux de 12 à 15 cm de diamètre, à bandes beiges et rouges, présente des piquants verts fins et très espacés. Mondialement connue depuis 20 m sur les fonds concrétionnés ou vaseux. 40 m.*

63 - Sphaerechinus granularis. *Au centre du pôle oral, se situe la bouche entourée de cinq dents acérées grattant les algues calcaires.*

61▲ 62▼

63▶

64 - Spatangus purpureus. *A test cordiforme de 10 à 12 cm, de couleur pourpre et à piquants très fins et clairsemés, cet oursin irrégulier vit jusqu'à 40 m généralement enfoui dans les sendiments.*

65 - Dorocidaris papillata. *Aisément reconnaissable à ses piquants trapus et longs, cet oursin régulier vit dans les fonds vaseux entre 50 et 400 m.*

66 - Echinaster sepositus. *Se nourrissant d'éponges, cette étoile de mer très décorative, de 15 à 20 cm, est commune dans toute la Méditerranée entre 10 et 40 m sur les parois rocheuses et dans les herbiers.*

64▲ 65▼ 66▶

67 - Martasterias glacialis. *Cette grande étoile de mer, jusqu'à 50 cm d'envergure, est très carnivore : elle se nourrit de mollusques et d'oursins qu'elle englobe dans ses bras trapus et digère en dévaginant son estomac. Commune sur les substrats rocheux à partir de 20 m.*

68 - Astropecten aurantiacus. *Atteignant 60 cm d'envergure, cette étoile présente des bras aplatis bordés de plaques et de piquants coniques. Très carnivore, elle s'enfonce partiellement dans le sédiment où elle se nourrit de mollusques ou d'annélides. 50 m.*

69 - Coscinasterias tennispina. *Cette étoile de mer très côtière, vivant généralement sous les pierres, est caractérisée par ses nombreux bras (6 à 9) brun rougeâtre.*

67▲ 68▼ 69►

70 - Ophioderma longicauda. *Ophiure, à disque pentagonal et longs bras de 10 à 15 cm, fréquente surtout le littoral méditerranéen sur les rochers infralittoraux et le coralligène.*

71 - Ophiothrix fragilis. *Cette ophiure, caractérisée par des bras à piquants très longs et présentant une grande variabilité de couleurs, vit souvent en populations sous les pierres parmi les algues et les gorgones mais également dans le coralligène ou les fonds vaseux plus profonds. 20 m.*

72 - Ophioderma longicauda. *La face orale du disque présente la bouche au centre du disque pentagonal.*

70▲ 71▼ 72▶

Les Mollusques

73 - Lepidopleureus cajetanus. *Les chitons sont caractérisés par une coquille composée de huit plaques dorsales et par une sole pédieuse puissante. Sédentaire, cette espèce carnivore à tendance nécrophage, vit sur les rochers infralittoraux et les herbiers.*

74 - Patella coerulea. *A coquille en cône aplati, cette espèce, très résistante à l'émersion, broute les algues des rochers de la zone tout à fait superficielle.*

75 - Bolinus brandaris. *Le plus commun des murex, caractérisé par un long canal siphonal et des épines acérées, vit généralement sur les sédiments entre 10 et 100 m. Carnivore, prédateur d'autres mollusques, il fournissait aux anciens la pourpre utilisée comme teinture.*

76 - Haliotis lamellosa. *A coquille en forme d'oreille, nacrée à l'intérieur, et à sole pédieuse musculeuse entourée de filaments tactiles et de tubercules, cet ormeau de petite taille broute les algues de la zone infralittorale rocheuse. 15 m.*

73▲ 74▼

75▲ 76▼

77 - Charonia nodifera. *Ce gastéropode de grande taille de l'infralittoral et circalittoral rocheux jusqu'à 40 m est très carnivore; il s'attaque surtout à des échinodermes qu'il saisit avec son pied musculeux et broie avec sa puissante mâchoire. 25 m.*

78 - Conus mediterraneus. *Ce petit cône de 2 cm, vivant sur les rochers littoraux paralyse ses proies (polychètes, gastéropodes) en leur injectant un venin puissant grâce à deux dents latérales modifiées en véritables seringues. 10 m.*

79 - Euthria cornea. *A grande coquille de 5 à 6 cm, qu'il peut obturer par un opercule corné, ce buccin peuple les rochers infralittoraux et les herbiers. 15 m.*

77▲ 78▼ 79►

80 - Chromodoris krohni. *Reconnaissable par son rinophore et sa branchie de couleur violette ainsi que les bandes jaunes sur le dos, ce nudibranche s'observe depuis la surface jusqu'à 50 m, classiquement sur des éponges surtout entre avril et juillet.*

81 - Peltodoris atromaculata. *Ce nudibranche de 3 à 10 cm de long, caractérisé par un dos blanc à grandes taches brunes, se nourrit essentiellement de l'éponge* **Petrosia dura** *sur laquelle on l'observe entre 2 et 35 m.*

82 - Cratena peregrina. *Ce nudibranche de la zone superficielle, caractérisé par ses grandes papilles violettes envahies par des expansions brunes de la glande digestive, se nourrit surtout d'hydraires. Commun entre mars et septembre, il produit en juin des pontes en forme de tortillons blancs.*

80▲ 81▼ 82►

83 - Flabellina affinis. *Ce très gracieux nudibranche à longues expansions rose mauve, commun dans l'infralittoral, broute essentiellement des* **Eudendrium.** *20 m.*

84 - Hypselodoris coelestis. *De couleur vive et caractéristique, ce nudibranche est présent toute l'année entre 5 et 40 m sur les éponges ou dans les posidonies. 10 m.*

85 - Arca barbata. *Ce bivalve de 4 à 5 cm, vivant attaché aux rochers infralittoraux et aux concrétions coralligènes, est facilement identifiable par les barbes noires de sa coquille. 25 m.*

86 - Lima hyans. *Caractérisé par ses longs tentacules, rétractiles, oranges, collectant les petites particules, ce bivalve sédentaire, de 1 à 2 cm, forme des nids en accumulant des débris dans des cavités sous les pierres et les algues de la zone infralittorale et le coralligène. 20 m.*

83▲ 84▼

85▲ 86▼

87 - Pinna nobilis. *Le plus grand des bivalves méditerranéens, vivant fiché dans les fonds sableux côtiers et les herbiers entre 5 et 25 m, a pratiquement disparu. Ses grandes valves atteignant 60 cm sont recherchées pour leur nacre. Souvent recouvert d'une multitude d'organismes. 25 m.*

88 - Chlamys varia. *Ce bivalve du littoral rocheux est très reconnaissable par ses papilles et ses yeux palléaux photosensibles. Ses valves entrouvertes laissent voir la branchie filtrante.*

89 - Lithophaga lithophaga. *La datte de mer, à coquille allongée brun doré, sécrète une substance acide dissolvant les rochers calcaires de la zone superficielle et le coralligène. 15 m.*

90 - Mytilus galloprovincialis. *Moules méditerranéennes de 6 à 8 cm de long, à coquille bleu foncé formant des moulières naturelles dans les zones battues médiolittorales et les estuaires. 1 m.*

87▲ 88▼

89▲ 90▼

91 - Octopus vulgaris. *Céphalopode le plus commun de la Méditerranée, le poulpe vit en hiver sur fonds sableux ou vaseux entre 30 et 80 m. Au printemps, il se rapproche des côtes et vit dans les fonds rocheux où a lieu la ponte de mai à août. Les cellules pigmentaires ou chromatophores représentent le système de changement de couleur le plus rapide dans le règne animal, d'où son mimétisme. 35 m.*

92 - Octopus vulgaris. *Poulpe prenant une position de nage. La propulsion se fait par réaction après expulsion d'eau par l'entonnoir.*

93 - Sepia officinalis. *Seiche mâle en coloration nuptiale marquée par des marbrures marron en particulier sur les bras latéraux. Espèce côtière ne s'éloignant pas du fond où elle évolue par ondulation de la membrane entourant le corps. 15 m.*

94 - Loligo vulgaris. *Le corps fusiforme du calmar est parfaitement adapté à la nage rapide. La coloration est due à l'état de contraction des pigments dans les chromatophores. Des iridophores donnent des reflets verts sur le manteau et au-dessus de l'œil.*

91▲ 92▲

93▼ 94▶

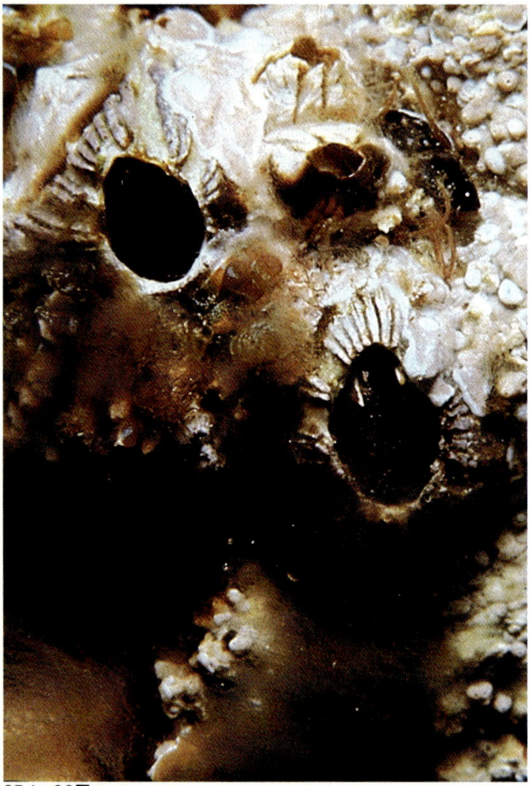

95 - Balanus improvisus. *La carapace des cirripèdes est transformée en un test calcaire constitué de plaques entourant le corps. L'opercule s'ouvre et laisse sortir rythmiquement des cirres captant les particules alimentaires. Les balanes forment une ceinture caractéristique à fleur d'eau le long des côtes rocheuses de toutes les mers.*

96 - Periclimenes amethysteus. *Couple de crevettes littorales à coloration caractéristique.*

97 - Palaemon sp. *Type même du crustacé nageur grâce à des pattes natatoires élargies en lame. Les* **Paleamon** *caractérisées par de longues antennes et une première paire de pattes longues à pinces, vivent souvent en groupes le long de la côte rocheuse mais plus souvent sur les fonds meubles de la zone superficielle. 5 m.*

95▲ 96▼ 97►

98 - Dardanus arrosor. *Atteignant 6 cm,il représente la plus grande espèce de pagure méditerranéen. Son abdomen mou est protégé par une coquille de gastéropode souvent camouflée par l'anémone* **Calliactis parasitica** *avec laquelle il vit en symbiose. Fréquent dans les fonds sableux entre 20 et 80 m.*

99 - Scyllarus arctus. *La cigale de mer caractérisée par un corps aplati et de larges écailles antennaires peuple les cavités et grottes sous-marines en dessous de 15 m. Cette espèce à chair fine très appréciée a tendance à disparaître. 20 m.*

100 - Homarus gammarus. *Plus gros décapode marcheur des mers européennes, le homard caractérisé par sa couleur bleu de nuit et ses énormes pinces vit en solitaire dans les grottes et anfractuosités de rochers chassant la nuit les coquillages, les vers, les poissons morts. Devient rare car très recherché pour sa chair.*

98▲ 99▼

100▶

101 - Lysmata seticaudata. *Cette crevette à rayures rouges caractéristiques de 2 à 6 cm est abondante dans les anfractuosités des rochers entre 2 et 15 m. Mâle la première année puis femelle ensuite, leur durée de vie peut atteindre 5 ans.*

102 - Palinurus vulgaris. *Egalement bien connue par sa valeur gastronomique, la langouste est commune dans les anfractuosités du coralligène. Se nourrit de mollusques.*

103 - Galathea strigosa. *Cette galathée caractérisée par un abdomen replié sur le thorax, de grosses pinces et sa coloration vive rouge et bleue vit dans la zone côtière en dessous de 50 m.*

101▲ 102▼

103►

104 - Lissa chiragra. *A corps triangulaire boursouflé de couleur rouge vif, ce crabe vit surtout dans le coralligène. 25 m.*

105 - Maja squinado. *Ce « crabe araignée », avec une envergure de pattes pouvant atteindre 1 m, est le plus gros crabe méditerranéen. Si la femelle gagne les eaux peu profondes au printemps, en hiver on le trouve en dessous de 20 m. Comestible, sa chair est très appréciée.*

106 - Dromia vulgaris. *Ce crabe, à mouvements assez lents et portant souvent des éponges et ascidies coloniales sur sa carapace sphérique bombée, est répandu près des côtes et jusqu'à 100 m de profondeur. 35 m.*

104▲ 105▼

106▶

107 - Carcinus maenas. *Ce « crabe enragé » à carapace verdâtre aplatie à bords dentés, est une espèce commune de toutes les mers d'Europe, fréquentant les eaux saumâtres peu profondes des estuaires et des lagunes. Souvent parasité par un crustacé : la sacculine.*

108 - Eriphia spinifrons. *De 6 à 8 cm, ce crabe très mobile et agressif est répandu dans les cavités des fonds rocheux superficiels. Il sort la nuit en quête de nourriture.*

109 - Calappa granulata. *Très indolent, ce crabe s'enfuit au moindre danger dans le sable, rabattant ses pinces en forme de pelles sur la partie antérieure. 20 m.*

110 - Calappa granulata. *D'aspect globuleux dû à sa carapace bombée et ses grosses pinces pouvant s'emboîter sur la partie antérieure, ce crabe présente des boursouflures à coloration caractéristique.*

107▲ 108▼

109▲ 110▼

Les Tuniciers

111 - Pleurociona edwardsi. *Cette grande ascidie de 12 à 15 cm au corps jaune verdâtre, mou, rétractile et à larges siphons rapprochés est commune dans les fentes des rochers des hauts niveaux ou sur le coralligène. 5 m.*

112 - Phallusia mammillata. *Une des plus grosses et plus communes ascidies simples se reconnaissant à sa tunique épaisse mammelée et d'aspect cartilagineux. S'observe aussi bien dans les zones calmes très littorales que sur les fonds sablo-vaseux entre 30 et 80 m.*

113 - Halocynthia papillosa. *En forme d'outre cylindrique très contractile, à tunique rouge rugueuse, cette grande ascidie décore aussi bien les parois abritées et les grottes infralittorales que le coralligène. 5 m.*

111▲ 112▼

113►

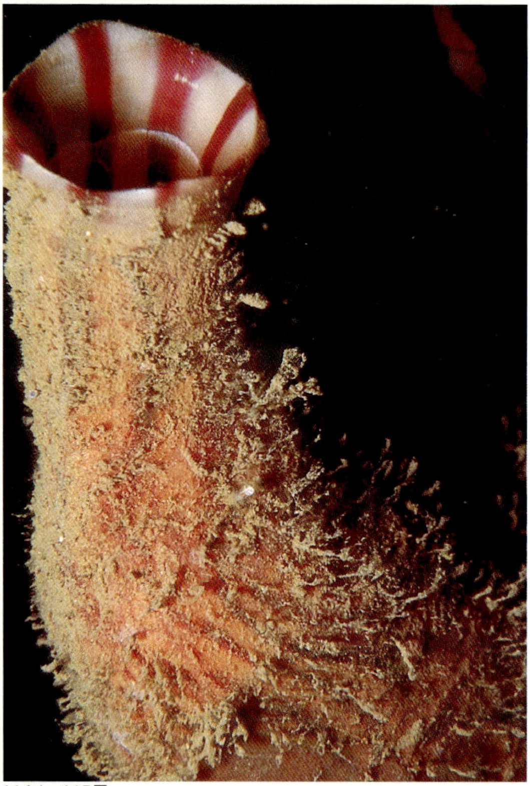

114 - Microcosmus sabatieri. *Grande espèce de 6 à 12 cm à tunique parcheminée souvent entièrement camouflée par une faune foisonnante (d'où son nom de « petit monde »), très commune dans toutes les stations ombragées entre 5 et 35 m et les fonds sableux entre 40 et 100 m. Ses siphons présentent des rayures longitudinales rose violacé.*

115 - Pyra dura. *A tunique bosselée, cette espèce également reconnaissable aux quatre bandes bleutées de ses siphons, est abondante dans les eaux peu profondes et calmes, en particulier les ports.*

116. Polysyncraton lacazei. *Ascidie coloniale de couleur orangée encroûtant les substrats rocheux littoraux. Les colonies, contenant une multitude de spicules calcaires microscopiques leur donnant leur aspect coriace, présentent peu de gros artifices exhalants communs et de nombreux orifices inhalants individuels. 15 m.*

114▲ 115▼ 116▶

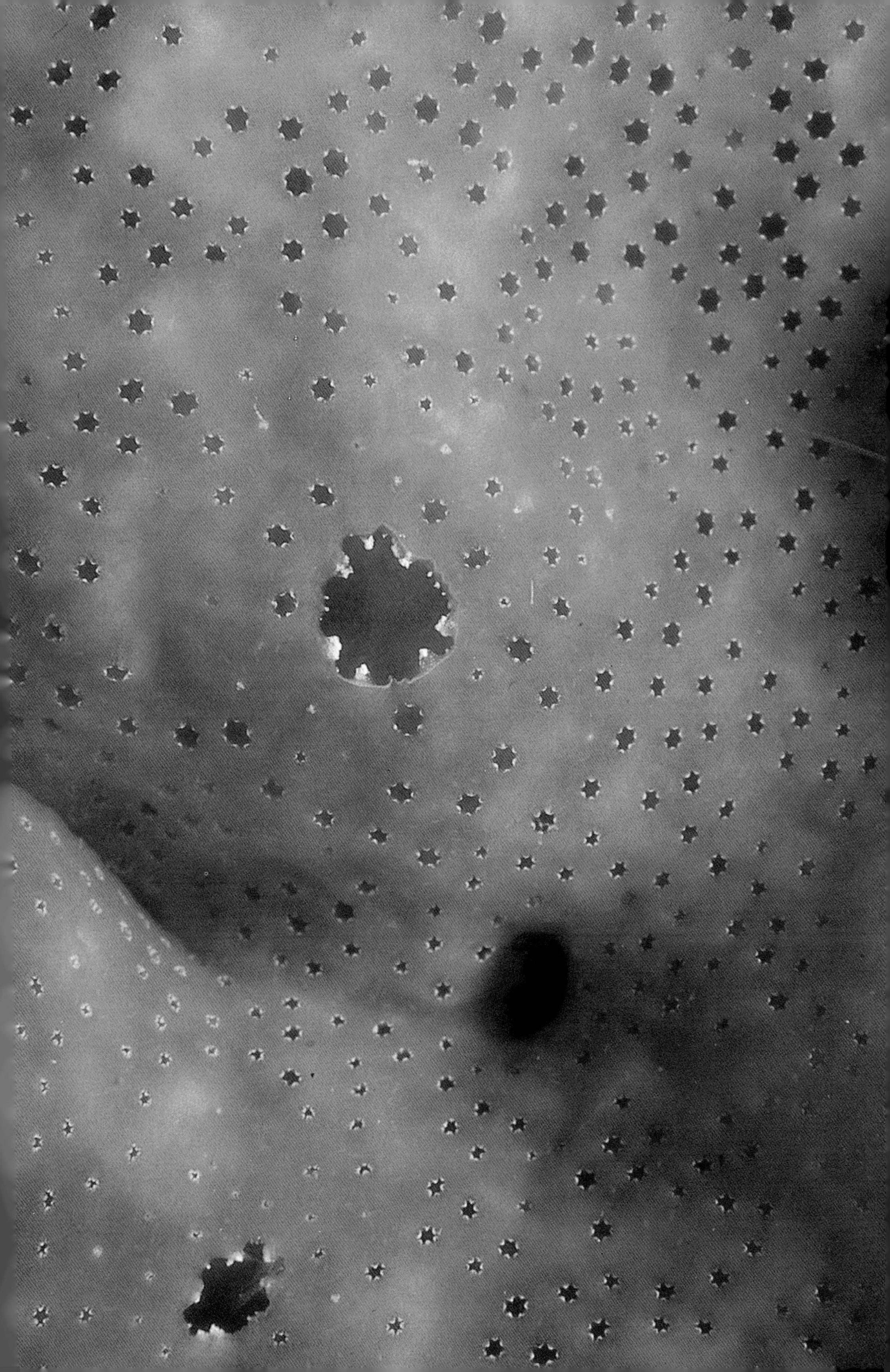

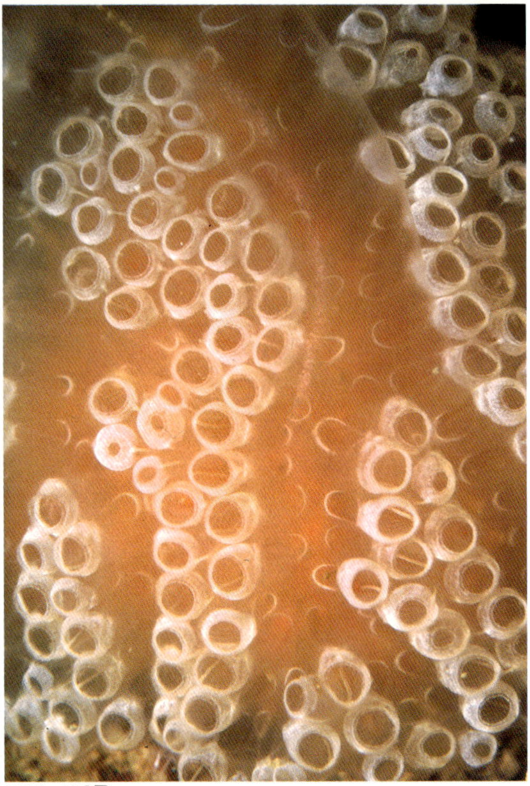

117 - Amaroucium conicum. *Les siphons buccaux inhalants, frangés de blanc, sont distincts pour chaque individu, englobé dans une tunique commune, contrairement aux siphons exhalants plus gros, communs à plusieurs individus.*

118 - Amaroucium conicum. *Ascidie coloniale à tunique charnue sans spicules se développant au printemps et en été sur les fonds rocheux et le coralligène. 20 m.*

119 - Salpa fusiformis. *Tunicier pélagique au corps ovoïde entouré d'une tunique transparente, cette salpe est la plus grande espèce méditerranéenne. Les colonies en chaînes correspondent à une phase asexuée alternant avec une phase sexuée d'individus isolés. Portée par les courants, cette espèce peut également se propulser par contraction rythmique de muscles circulaires.*

117▲ 118▼ 119►

120 - Scyliorhynus canicula. *La « petite roussette » représente le requin le plus abondant de Méditerranée. Vivant sur les fonds sableux entre 20 et 400 m, elle est facilement reconnaissable par sa livrée tachetée. Carnivore, elle se nourrit surtout de crustacés.*

121 - Pyasatis violacea. *La pastenague au corps bleu violacé, vivant généralement sur les fonds sédimentaires, peut provoquer des blessures empoisonnées par un aiguillon en dents de scie situé sur la queue. Vivipare, elle donne naissance à de jeunes raies.*

122 - Œuf de roussette. *Enveloppé d'une cornée translucide quadrangulaire, il est accroché aux gorgones ou aux algues par les vrilles de ses cornes. L'embryon est visible par transparence.*

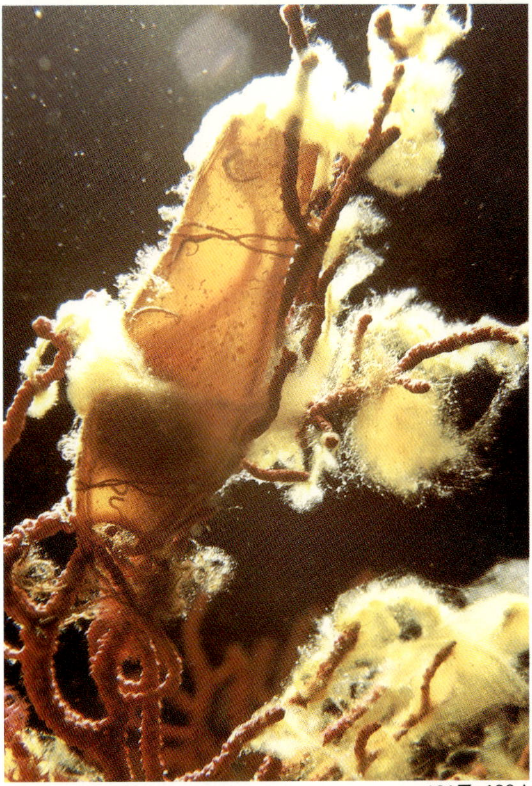

120◀

121▼ 122▲

123 - Mureana helena. *Espèce côtière et sédentaire vivant dans les failles et anfractuosités rocheuses côtières et chassant la nuit. Bien que son agressivité soit très en dessous de sa réputation légendaire, ses dents aiguës et recourbées rendent sa morsure dangereuse par le mucus toxique tapissant sa cavité buccale. 10 m.*

124 - Torpedo marmoratus. *Facilement reconnaissable à sa tête ronde aplatie marbrée, la torpille vit le plus souvent cachée dans les fonds sablonneux peu profonds, guettant ses proies qu'elle paralyse à l'aide d'un organe électrique en arrière des yeux. 15 m.*

125 - Hippocampus guttulatus. *Poisson à l'allure de « cheval marin » caparaçonné, l'hippocampe vit près des fonds rocheux et dans les herbiers. Entre mai et juillet, la femelle, au cours d'un cérémonial, introduit les œufs dans la poche incubatrice ventrale du mâle qui les portera pendant un mois jusqu'à l'éclosion des petits.*

123▲ 124▼

125►

126 - Conger conger. *Au corps serpentiforme bleuté pouvant atteindre 4 m de long, le congre, utilisant les cavités les plus variées comme abri, se déplace volontiers jusqu'à 100 m. Carnassier, il chasse au crépuscule poissons, céphalopodes, crustacés qu'il ingère avec sa large bouche.*

127 - Dicentrarchus labrax. *Au corps fusiforme argenté, le loup, ou bar, est un chasseur littoral actif de crevettes et de céphalopodes en bordure des plages sableuses ou rochers exposés. Sa valeur gastronomique en fait un poisson très chassé et une espèce type pour l'aquaculture.*

128 - Mugil'cephalus. *Le mulet aux flancs à bandes longitudinales brunes vit en bancs dans les eaux littorales, les ports, les embouchures et les étangs littoraux. Comestible.*

26◄

127▲ 128▼

129 - Serranus cabrilla. *De 30 à 50 cm, caractérisé par neuf bandes transversales brunes et trois bandes longitudinales jaunes, le « serran commun » fréquente les falaises côtières. 20 m.*

130 - Serranus scriba. *Repérable par ses taches brunes transversales et les arabesques de sa tête, le « serran écriture » est très fréquent sur la côte rocheuse parmi les algues ou dans les herbiers. Hermaphrodite, il colle ses œufs aux pierres près du rivage. 15 m.*

131 - Epinephelus guaza. *Ce poisson imposant, au corps très coloré, vit en sédentaire dans les trous des rochers littoraux entre 20 et 200 m. Très recherché pour sa chair, il devient rare dans les zones non protégées.*

129▲ 130▼

131►

132 - Chrysophrys aurata. *La daurade est repérable par sa tache dorée en V entre les yeux. Pourvue de dents pointues et de véritables molaires broyeuses, elle chasse les coquillages ou broute les algues près des côtes rocheuses et dans l'herbier. Elle se reproduit en mer pendant l'hiver mais passe l'été dans les étangs.*

133 - Anthias sacer. *D'un rose lumineux et à caudale fortement échancrée, le barbier vit en bancs serrés dans les excavations rocheuses et en particulier dans le coralligène. 35 m.*

134 - Diplodus vulgaris. *Le« sac à tête noire » au corps comprimé de 25 cm est un poisson littoral des fonds rocheux et des herbiers. Mâle dans son jeune âge, il devient femelle en vieillissant. 20 m.*

132▲ 133▼

134▶

135 - Maena chryselis. *En période de parade nuptiale, le mâle arbore une superbe livrée à bandes bleues phosphorescentes et taches vertes. A l'époque du frai, cette espèce se rassemble en grands bancs sur les fonds rocheux ou sableux côtiers.*

136 - Mullus barbatus. *Au corps rouge marbré et tête tronquée, ce « rouget de vase » se nourrit de vers et de crustacés qu'il détecte à l'aide de ses barbillons. Comestible, très recherché.*

137 - Mullus surmuletus. *De grande valeur gastronomique, le « rouget de roche » se distingue par ses bandes rouges et jaunes longitudinales. Se nourrissant également de vers et de crustacés, il est fréquent à la limite des herbiers et des roches jusqu'à 100 m.*

135▲ 136▼

137▶

138 - Corvina nigra. *Le corbe ou corvine, atteignant 40 cm, à dos noir et flancs vert jaune, fréquente les côtes rocheuses à la limite du sable entre 5 et 6 m et les grottes. Très recherché par les chasseurs sous-marins.*

139 - Crenilabrus griseus. *Ce crenilabre vit à la frontière des substrats rocheux et du sable. En mai-juin, le mâle construit des nids formés de débris d'algues et de coquilles.*

140 - Chromis chromis. *Aisément reconnaissable à sa livrée bleu éclatant chez le jeune, à quadrillage brun et beige chez l'adulte et sa queue fourchue, cette espèce de 12 cm de long est commune en bancs dans la zone littorale rocheuse où elle se nourrit de plancton.*

138▲ 139▼

140▶

141 - Labrus bimaculatus. *Ce grand mâle de 45 cm, à livrée nuptiale éclatante, fréquente les herbiers où il creuse des nids pour les œufs.*

142 - Blennius gattorugine. *Caractérisée par de gros yeux surmontés de tentacules ramifiés et une peau visqueuse (d'où son nom de « baveuse »), la blennie gattorugine est très commune dans les fonds rocheux littoraux. Très curieuse, elle vient fréquemment observer les plongeurs, dressée sur ses nageoires ventrales et sa caudale.*

143 - Blennius rouxii. *Vivant également dans les fonds rocheux littoraux, cette blennie est caractérisée par une bande longitudinale brune s'étendant de l'œil à la queue. 20 m.*

141◄

142▲ 143▼

144▲ 145▼

144 - Coris julis. *Dans ce couple de girelles royales, le mâle arbore une livrée nuptiale bigarrée. Cette espèce fréquente en groupes les côtes rocheuses et s'enfouit la nuit dans le sable.*

145 - Thallasoma pavo. *Forme tropicale, le « crénilabre paon » est un des plus beaux poissons méditerranéens par sa livrée nuptiale éclatante. Fréquent dans les herbiers en période chaude, il s'enfouit dans le sable le soir.*

146 - Gobius bucchichii. *Ce gobie gris de petite taille fréquente les fonds d'éboulis côtiers près des rochers. Le mâle prend soin de la ponte collée sur une coquille ou un caillou.*

147 - Scorpaena scrofa. *Cette grande rascasse rouge, à corps trapu et nombreux appendices cutanés sur la tête et la mâchoire, peut provoquer de violentes réactions par la piqûre des premiers rayons venimeux de sa nageoire dorsale. Elément indispensable de la bouillabaisse, elle est très recherchée pour sa chair.*

146▼ 147▲

148 - Scorpaena porcus. *A tête dénudée et tentacules supra-oculaires importants, cette rascasse grise fréquente les fonds rocheux littoraux et les herbiers où elle se nourrit de crabes.*

149 - Bothus podas. *A corps aplati tacheté et yeux écartés globuleux, ce poisson plat carnassier s'enfouit rapidement dans les fonds sableux côtiers au moindre danger. Comestible à chair très appréciée. 15 m.*

150 - Lophius pescatorius. *Sa tenue de camouflage parfaite, permet à la baudroie de chasser à l'affût en agitant un leurre cutané au bout du premier rayon de sa dorsale. Sa chair est très recherchée. 20 m.*

Les Reptiles

151 - Caretta caretta. *Seule espèce de tortue à se reproduire en Méditerranée, elle peut dépasser 1 m et peser jusqu'à 100 kilos. Bien qu'elle ait une nage puissante et rapide lui permettant de chasser les poissons, elle se tient généralement en surface, assez indolente. La femelle pond à terre dans un trou.*

148▲ 149▼

150▲ 151▼

INDEX

Direction scientifique :
Bernard SALVAT

REMERCIEMENTS

Les auteurs remercient bien sincèrement les spécialistes qui ont accepté de déterminer ou confirmer la détermination de certaines espèces et compléter nos données : P. Bouchet (mollusques), S. Boletzky (céphalopodes), N. Boury-Esnault (spongiaires), H. Boutière (poissons), A. Guille (échinodermes), M. Knoepffler (algues) et J.-P. Labat (crustacés).

BIBLIOGRAPHIE

BAUCHOT M.L. & A. PRAS. Guide des Poissons marins d'Europe. Delachaux et Niestlé (1980).

BOUDOURESQUE C.F. & A. MEINESZ. Découverte de l'herbier de Posidonies. Parc National de Port-Cros (Cahier nº 4) (1982).

BOUGIS P. Je reconnais les Poissons marins, Tome 2 : En plongée. A. Leson (1980).

CENTEILLES J. Les dedans de la mer. Méditerranée d'hier et d'aujourd'hui. Sofreix (1979).

CHERBONNIER G. Le roman des Echinodermes. Payot (1978).

COUSTEAU J.Y. Le monde des Océans. R. Laffont (1980).

LAUBIER L. Rubriques de biologie. Encyclopédie Alpha de la mer, Grange Batelière (1972).

LUTHER W. & K. FIEDLER. Guide de la faune sous-marine des côtes méditerranéennes. Delachaux et Niestlé (1982).

MOHRES F.P. Le monde sous-marin. Hatier (1964).

PACCALET Y. La flore méditerranéenne. Hatier (Guide Point Vert).

PETRON C., CHENZ & C. RIVES. La prise de vue sous-marine. Filipacchi-Denoël (1979).

RIELD R. Fauna und Flora der Adria. P. Paray (1963).

RIVES C. Port-Cros, La mer sauvée. GEO (1980).

SAUER F. Plages et côtes. Nathan (Nature) (1978).

THEODOR J. Méditerranée vivante. Payot (1964).

TOULEMONT A. Sous la mer. Faune et Flore. Hatier (Guide Point vert) (1982).

TURQUIER Y. & M. LOIR. Connaître et reconnaître la faune du littoral. Ouest-France (1981).